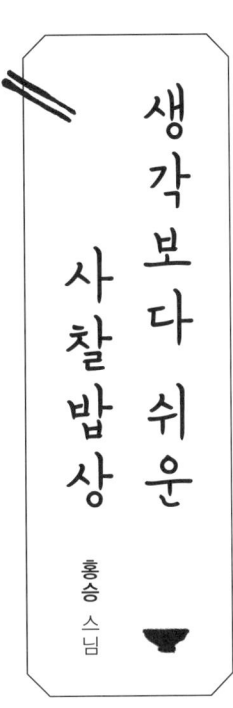

생각보다 쉬운 사찰밥상

홍승 스님

담앤북스

들어가는 글

잡념이 일어나지 않게 먹습니다

고려시대 국사 중 한 분인 보조 스님이 쓴 『계초심학인문』에는 식사 예절부터 생활 규칙까지, 여러 규범이 나와 있습니다. 이 경전에는 '공양할 때는 마시고 씹을 때 소리 내지 말며, 집고 놓을 때는 반드시 조심하고 얼굴을 들고 돌아보지 말며, 맛있고 맛없는 음식을 좋아하거나 싫어하지 말며, 묵묵히, 말하지 말고, 잡념이 일어나지 않게 먹으며, 밥을 받는 것이 다만 몸이 마르는 것을 치료하여 도업을 이루기 위함인 줄 알아야 하며 『반야심경』을 염하되 삼륜이 정정함에 관하여 도용을 어기지 말지니라' 하는 구절이 있습니다.

스님들이 출가하면 제일 먼저 하는 공부가 있습니다. 바로 발우공양 하는 법입니다. 발우공양 하는 방법을 배우는 과정을 통해 식사 예법을 배우는 것입니다. 식사 예법을 배우는 과정은 초기 출가인에게 반드시 필요합니다. 이런 교육을 소홀히 하면 스님들은 제대로 된 출가 생활을 할 수 없습니다. 예법과 예절 교육을 통해 화합과 질서를 유지해 나가는 법을 익히기 때문입니다.

스님들의 식생활에는 '대중공사'라는 것이 있습니다. 공양을 끝낸 후 대중이 함께 모여 앉아 절의 모든 대소사를 논의하고 결정하는 일입니다. 대중공사에서 결정된 사항은 그 누구도 어겨서는 안 됩니다. 바로 이런 생활이 스님들이 화합하고 질서를 유지하면서 살아가는 근간이 되는 것입니다.

아무것이나
또 아무렇게나 먹어서는 안 됩니다

/

이런 식사 예절이 스님에게만 필요한 것은 아니겠지요. 저는 개인적으로 핵가족·저출산 시대를 사는 현대인에게 제일 부족한 것이 식구들과 한 밥상에 앉아 밥을 먹는 시간이라고 생각합니다. 이를 통해 가족 간의 화합을 도모하고 갈등을 해소하고 서로를 이해하는 시간을 가져야 합니다. 가족이 밥상에 둘러앉아 오순도순 얘기해 가며 밥을 먹는 시간이 점점 줄어드니 가정의 화합이 깨지고 개인주의가 점점 심해지는 것이 아닐까요. 음식이란 단순히 배고파서 먹는 것이 아닙니다. 음식은 우리 삶의 전반적인 부분에 영향을 끼친다는 생각을 가져야 합니다. 그러니 아무것이나 또 아무렇게나 먹어서는 안 되는 것입니다.

1식 3찬
사찰의 상차림을 소개합니다

/

사찰음식이 몸과 마음에 이롭다는 사실은 구구절절 이야기하지 않아도 다 아실 테지요. 이번 책에서는 사찰음식으로 20가지 상을 차려 보았습니다. 집에서 사찰음식을 해 먹고 싶어도 "당장 오늘 점심 혹은 저녁 밥상은 어떤 음식들로 차려야 할지 모르겠다"고 말하는 경우가 많았습니다. 그런 분을 위해 실제 스님들의 기본 상차림인 1식 3찬을 기준으로, 20가지 상차림과 10가지 특별식을 준비했습니다. 스님들은 끼니마다 밥과 국, 김치를 제외하고는 3~4종류의 반찬을 먹습니다. 평소 여러 종류의 밑반찬을 만들어 놓거나, 장아찌를 담가 두었다가 이 기본 상차림에 더하면 식사 준비가 더욱 쉬워집니다. 제가 이번에 소개하는 상차림은 계절에 따라 재료만 조금씩 바꾸면 1년 내내 활용할 수 있습니다.

초보자도 무난히 따라 할 수 있습니다

/

사찰음식은 조리법이 쉽습니다. 초보자도 무난히 따라 할 수 있습니다. 바쁜 일상에서 혼자 밥을 먹는 사람들이 많아지는 시대에 제대로 된 상을 차려 먹는 일이 힘들 수는 있습니다. 그렇더라도 건강하고 맛있는 음식으로 차린 한 상은 분명 나와 가족에게 큰 행복을 줄 것입니다. 식구들과 모여 앉아 밥을 먹는 시간이 얼마나 행복한 시간인지 잊고 사는 모든 분께 제 책이 도움이 되었으면 합니다.

2016년 가을
홍승 합장

CONTENTS

- 들어가는 글 · 002
- 바르게 먹는다는 것 · 010
- 바르게 만든다는 것 · 014
- 홍승 스님표 기본 다지기 · 018

하안거 상차림

01 버섯덮밥 상차림 · 024
버섯덮밥, 풋고추김치, 표고양념구이, 오이무채소박이, 양하장아찌

02 감자수제비 상차림 · 032
감자수제비, 오이소박이물김치, 냉잡채, 곰취장아찌

03 국수 상차림 · 038
콩나물비빔국수, 상추대궁김치, 깻잎김치, 가지냉채

04 비빔밥 상차림 · 044
가지나물비빔밥, 아욱국, 열무김치, 곤약조림, 김장아찌, 깻잎장아찌

05 완두콩밥 상차림 · 052
완두콩밥, 버섯들깨탕, 얼갈이배추김치, 콩자반, 콩나물무침, 민들레장아찌

06 찹쌀밥 상차림 · 058
찹쌀밥, 미역국, 청경채김치, 구운 김, 표고버섯튀김조림, 꽈리고추간장조림

07 표고버섯밥 상차림 · 064
표고버섯밥, 오이미역냉국, 묵은지볶음, 호박선, 쑥갓두부무침, 가지장아찌

08 두부야채밥 상차림 · 070
두부야채볶음밥, 여름찌개, 열무김치, 두유버섯전, 땅콩조림, 녹차잎볶음

09 보리밥 상차림 · 076
보리밥, 호박잎들깨국, 배추김치, 감자조림, 가지구이, 마씨장아찌

10 녹차짜장면 상차림 · 082
녹차짜장면, 겉절이

동안거 상차림

01 된장국수 상차림 · 088
된장국수, 늙은호박버섯볶음, 갓김치, 묵은지볶음

02 두부김밥 상차림 · 094
두부김밥, 늙은호박찌개, 브로콜리연근샐러드, 야채피클

03 묵나물밥 상차림 · 100
묵나물밥, 무국, 두부고추장강정, 김치잡채, 무조림, 산초장아찌

04 연잎밥 상차림 · 108
연잎밥, 된장찌개, 김치, 우엉잡채, 돼지감자장아찌

05 김칫국 상차림 · 114
잡곡밥, 콩나물김칫국, 백김치, 단호박조림, 고구마조림, 무장아찌

06 콩나물밥 상차림 · 120
콩나물밥, 맑은 콩나물국, 장떡, 우엉양념찜, 김치, 야채장아찌

07 이북식 김치밥 상차림 · 126
김치밥, 표고버섯두부찌개, 갓물김치, 우엉샐러드

08 장아찌김밥 상차림 · 132
장아찌김밥, 나물찌개, 연근우엉호두조림, 고추장아찌

09 무야채밥과 청국장 상차림 · 136
무야채밥, 청국장찌개, 동치미, 묵은지찜, 콩나물장조림

10 시래기밥 상차림 · 142
시래기밥, 시래깃국, 연근두부소박이튀김, 유부주머니조림, 무말랭이무침

손님상차림에 좋은 사찰음식 10선

01 취나물잡채 · 150

02 표고버섯야채탕수이 · 152

03 수삼냉채 · 154

04 우엉생땅콩찹쌀구이 · 156

05 가지새싹전 · 158

06 김치양장피잡채 · 160

07 두부소박이 · 162

08 야채두부볶음 · 164

09 표고버섯잣소스무침 · 166

10 나물비빔밥 · 168

장아찌 이야기

민들레장아찌 · 174

깻잎장아찌 · 175

마씨장아찌 · 176

양하장아찌 · 177

곰취장아찌 · 178

무장아찌 · 179

산초장아찌 · 180

야채장아찌 · 181

고추장아찌 · 182

돼지감자장아찌 · 183

스님들의 집중 수련 기간, 하안거와 동안거

스님들은 매년 여름과 겨울, 함께 모여 수행을 합니다. 이를 하안거와 동안거라고 합니다. 하안거는 음력 4월 15일부터 7월 15일까지 석 달, 동안거는 음력 10월 15일부터 1월 15일까지입니다. 안거가 시작되는 날은 '결제結制', 끝나는 날은 '해제解制'라고 하지요.

스님들은 안거가 시작되기 하루 전날 방부房付를 들입니다. 안거를 청하는 사찰로 찾아가는 것이지요. 하루 전날 가는 이유는 안거 동안 각자의 임무, 즉 소임을 짜기 위해서입니다. 대중처소(많은 스님이 모여 수행하는 절)에서는 스님들이 저마다 하나씩 소임을 맡아서 공부와 더불어 맡은 일을 열심히 하기 때문에 화합이 잘되는 것입니다.

안거 상차림처럼 맛은 물론 영양까지 고루 신경 쓰다

절에서는 밥을 먹는 일을 '공양'이라고 합니다. 안거 기간에 공양을 담당하는 후원에서는 스님들이 탈 없이 공부에 집중할 수 있도록 최선을 다합니다. 식단도 미리 짜 둡니다. 공양도 수행의 일환인 만큼 스님들의 '바른 공양'을 위해 이것저것 신경 쓸 것이 많습니다.

우선 여름 무더위와 겨울의 추위를 잘 견디며 수행에 전념할 수 있도록 영양을 고려해야 합니다. 맛도 중요하지만 재료의 조화도 신경 써야 합니다. 대개 식단은 보름치씩 짜 두는데, 식단 중에서 김치나 장아찌 같은 기본 반찬 이외의 것들은 일주일 안에는 반복해서 내면 안 됩니다. 중간중간 별미도 해 드려야 하고요. 그래서 결제철에 후원 소임을 맡은 스님들 책임이 막중하다고 할 수 있지요. 바른 공양은 수행의 기본이니까요. 이번 책에서 특별히 스님들의 하안거와 동안거 상차림을 소개하게 된 이유도 여기에 있습니다. 스님들의 바른 공양, 바른 상차림을 생활화하면 몸과 마음의 건강을 두루 챙길 수 있습니다.

팔정도(八正道)로 살펴보는 바른 공양법

팔정도는 불교에서 전해 내려오는 여덟 가지 수행법입니다. 팔정도의 관점에서 바른 공양이 무엇인지 소개합니다.

정견正見 바르게 보는 것. 어떤 음식이 올바른 음식인가를 아는 것입니다. 사찰음식의 조리 원칙과 사찰음식에 담긴 의미에 맞는 음식이 올바른 음식임을 아는 것입니다.

정어正語 바르게 말하는 것. 내가 가진 생각이 옳다고 남에게 말하지 않습니다. 나의 식생활만 옳고 다른 사람의 식생활은 잘못됐다고 생각하는 것은 편협한 사고입니다. 이런 생각은 건강을 버리는 식생활로 연결될 수 있습니다.

정사正思 바르게 생각하는 것. 음식을 맛으로만 탐하면 안 됩니다. 음식에 대한 탐심을 버려야만 필요한 만큼만 먹게 되며 과식을 하지 않게 됩니다.

정업正業 바르게 행동하는 것. 음식을 조리할 때나 먹을 때도 재료에 대한 소중함을 늘 생각해야 합니다. 그래야만 음식 찌꺼기를 줄이는 습관을 들이고 설거지를 할 때도 세척제를 쓰지 않음으로써 자연을 생각하는 마음을 실천할 수 있습니다.

정명正命 바르게 목숨을 유지하는 것. 식재료를 고를 때는 자연을 해치지 않으면서 키운 것. 다른 사람의 희생을 바탕으로 하지 않은 것을 골라야 합니다. 값이 조금 비싸더라도 바르게 키운 것을 구합니다.

정근正勤 바르게 부지런히 노력하는 것. 음식으로 인해 자신의 몸과 마음을 해치는 행위는 하지 않는다는 서원을 세우고 잊지 않으려고 노력해야 합니다.

정념正念 바르게 기억하고 생각하는 것. 흔들리는 순간에도 내가 팔정도의 길을 걷고 있다 또는 걸었다는 것을 늘 기억하고 생각하는 것입니다.

정정正定 바르게 안정된 마음을 유지하는 것. 앞에서 말한 길을 따라 정진하고 바른 식생활 습관을 들이면 저절로 마음이 안정되며 해탈에 이를 것이라고 믿는 것입니다.

바르게 만든다는 것

오계五戒에 따라 좋은 재료 고르기

몸에 이로운 음식은 영양가 있는 음식이나 비싼 재료로 만든 음식이 아닙니다. 음식을 만드는 사람, 시기, 장소, 대상, 방법(과정), 이유 즉, 음식과 관련한 육하원칙을 지키는 음식이 좋은 음식입니다. 불자라면 누구나 받아서 지켜야 하는 오계에 의거해 좋은 재료를 고르는 방법을 알려 드립니다.

불살생不殺生 자비의 마음으로 고르는 것입니다. 내 눈앞에 있는 재료가 어떤 경로로 여기에 왔는지 생각하는 것입니다. 불살생의 마음은 사람과 동식물에 측은지심을 갖는 것입니다. 그래야 죽음으로 생기는 고통을 이해하고 스스로 다른 생명을 죽이지 않기를 서원하며 남을 시켜서도 죽이지를 않겠다는 마음이 생깁니다. 또 불살생의 마음은 다른 생명을 죽이는 어떠한 행위도 묵인하지 않는 것입니다. 누구나 다 실천할 수는 없겠지만, 고기를 먹는 행위는 동물의 고통을 묵인하는 것이며 폭력에 동참하는 것입니다. 육식을 하지 않는 것이 비폭력을 실천하는 길임을 아는 것도 중요하지 않을까요.

불투도不偸盜 다른 사람의 것을 빼앗지 않겠다는 마음입니다. 이런 마음은 내가 가진 것을 다른 사람에게 나누어 주는 마음으로 연결될 수 있습니다. 불살생과 같은 맥락으로 다른 사람이 동식물의 고통을 이용해 이득을 취하는 행위를 묵인하지 않는 것도 좋은 실천 방법입니다. 이런 마음을 가지면 나에게 오는 그 어느 것이라도 감사하게 생각하게 됩니다. 다른 이에게 음식을 만들어 주는 보시가 가장 큰 보시임을 자연스럽게 알게 되는 것입니다.

불사음不邪淫 　금생에서 한 가족으로 만난 인연은 지중한 것입니다. 이 인연을 선연으로 이어 가기 위해서는 부모가 노력해야 합니다. 부모의 갈등은 가족 간의 갈등으로 이어집니다. 가족 간의 갈등을 해소하는 가장 좋은 방법은 대화입니다.

　가족이 맛있는 음식을 먹으며 나누는 대화는 부모와 자식, 형제간 갈등을 없애는 데 큰 역할을 합니다. 나의 가족을 위하고 사회질서를 깨뜨리지 않는 방법은 한 밥상에 앉아 밥을 먹으며 생각을 공유하는 것입니다.

불망어不妄語 　재료를 고를 때 눈으로만 보고 좋고 나쁜 것을 탓하면 안 됩니다. 그러다 보면 마음에 없는 말을 해서 상대편에게 상처를 줄 수 있습니다.

　또 다른 사람의 말에 귀 기울이지 않아서 상대에게 생기는 고통을 지나칠 수 있습니다. 내가 직접 농사를 지어도 마찬가지지만 모든 재료는 다 누군가의 수고로움으로 생긴다는 생각을 늘 가져야 합니다. 좋고 나쁜 것을 탓하는 것은 복을 없애는 행위입니다.

　따라서 내 말이나 행동 하나하나가 분열이나 불화를 일으키는 것이 아닌지 생각해야 합니다. 또 늘 인과응보를 생각해야 합니다.

불음주不飮酒 우리나라가 술 소비 1위국이라는 말을 들어 보셨을 겁니다. 삶이 힘들다는 이유로 술 소비량이 점점 늘고 있다고 합니다. 지나친 음주로 인한 범죄도 늘고 있습니다. 심신이 나약한 사람들이 늘고 있다는 말입니다.

이런 행위는 내 몸과 마음을 다치게 하는 행위일뿐더러 다른 사람에게도 상처를 주는 행위입니다. 불자는 불음주계를 지킴으로써 스스로 일체의 중독성 물질에 빠지지 않아야 하며, 그런 사람들을 구제하기를 서원해야 합니다.

일러두기

- 이 책에 소개된 요리는 4인분을 기준으로 합니다.
- 계량스푼이 없으면 밥숟가락과 종이컵을 이용하세요.
  1큰술 = 어른 밥숟가락으로 수북하게 담은 양
  1작은술 = 어른 밥숟가락으로 절반 정도 담은 양
  1컵 = 종이컵으로 한가득 담은 양
  (小) (中) (大) = 재료의 크기가 작음/중간임/큼
- 재료에서 소금이나 고춧가루 '약간'은 엄지와 검지로 한 꼬집 정도 집은 양입니다.
- 소금, 후추 등 조미료는 경우에 따라 분량을 따로 표시하지 않았습니다. 기호대로 넣어서 간하면 됩니다.
- 각 요리 재료에 나온 채수 만들기는 특별한 설명이 없으면 19쪽을 참고하세요.
- 안거 상차림에 소개된 장아찌는 모두 책 후반부에 따로 실었습니다. 장아찌류만 서너 가지 미리 만들어 두면 상차림 시간을 훨씬 줄일 수 있습니다. 반찬 걱정도 덜 수 있고요.

홍승 스님표 기본 다지기

기본 채수 만들기

사찰음식의 기본인 채수는 연하게 끓이는 것이 포인트입니다. 모든 음식에 사용하기 때문에 국물이 진하면 향이 강해져 맛이 없습니다. 연하게 끓인 채수로 밥을 하면 맛있습니다.

재료
물 2ℓ, 마른 표고버섯 3~4개, 다시마 2장(10㎝×10㎝)

만드는 법
끓기 시작하면 중불로 줄여서 10분간 끓입니다.
끓고 나서 다시마는 바로 건집니다.

맛간장 만들기

맛간장은 용도에 따라서 채수와 간장으로 간을 조절하면 됩니다. 너무 짜면 채수를 조금 섞으면 되고, 싱거우면 간장을 좀 더 넣으면 됩니다.

재료
물 1ℓ, 양조간장 3컵, 표고버섯 3~4개, 다시마 2장(10㎝×10㎝)

만드는 법
끓기 시작하면 중불로 줄여서 10분간 끓입니다.
끓고 나서 다시마는 바로 건집니다.

음식의 기본, 다섯 가지 맛

인체에 꼭 필요한 맛은 신맛, 쓴맛, 단맛, 매운맛, 짠맛입니다. 이를 오미五味라고 합니다. 신맛은 간장과 담낭을, 쓴맛은 심장과 소장을, 단맛은 비장과 위장을, 매운맛은 폐와 대장을, 짠맛은 신장과 방광을 담당합니다. 이처럼 다섯 가지 맛은 인체에 필수적인 요소이며, 이 다섯 가지 맛을 골고루 섭취해야 인체의 균형이 깨지지 않습니다.

주 양념의 황금비율

겨자 소스 재료는 연겨자·설탕·식초 각 2큰술, 소금·양조간장·참기름·레몬즙·꿀 각 1작은술입니다. 처음부터 재료를 같이 섞으면 안 됩니다. 겨자와 설탕을 먼저 섞어서 설탕이 다 녹은 다음, 나머지 재료를 넣습니다.

초고추장 고추장, 설탕, 식초의 비율은 일반적으로 2 : 1 : 1로 합니다. 단맛과 신맛은 기호에 따라 꿀과 레몬즙으로 조절하면 됩니다.

양념장 양조간장, 집간장, 채수, 참기름, 통깨의 비율은 1 : 1 : 1 : 1 : 1로 하고, 청·홍고추는 다져서 각 1개씩 넣습니다. 나물밥을 비벼 먹을 때나 양념장이 필요한 모든 음식에 쓰입니다. 청·홍고추의 씨는 제거하지 마세요. 고추씨가 들어가야 맛있습니다.

자주 쓰는 양념의 종류와 활용법

소금 모든 음식에 간을 맞추기 위해서는 소금이 들어가야 합니다. 하지만 소금으로만 간을 하지 말고 간장이나 다른 양념과 섞어서 쓰는 습관을 들이십시오. 특히 나물이나 국의 간을 맞출 때 소금과 집간장을 함께 쓰면 감칠맛이 훨씬 많이 납니다. 나물을 무칠 때 간장을 조금 넣으면 나물이 부드러워지고 물기도 있어서 먹기 좋습니다.

간장 간장에는 두 종류가 있습니다. 우리나라 전통 간장인 집간장(조선간장)과 일본식 간장인 양조간장입니다. 두 가지는 쓰임새가 많이 다릅니다. 우리나라 전통 간장은 국을 끓일 때, 나물을 무칠 때, 김치를 담글 때 많이 씁니다. 양조간장은 조림이나 장아찌를 담글 때, 양념장 등을 만들 때 씁니다.

된장 간장과 함께 가장 많이 쓰는 양념입니다. 된장국이나 찌개를 끓일 때도 된장으로만 간을 맞추지 말고 집간장이나 소금을 활용해도 좋습니다.

고추장 고추장은 장아찌, 장떡, 초고추장, 찌개 등에 쓰입니다. 찌개를 끓일 때는 고추장만으로 간하지 말고 소금과 같이 하면 좋습니다. 고추장만으로 간하면 국물이 텁텁해집니다.

春夏

하안거 상차림

스님들은 여름과 겨울, 수행에만 집중하는 시간을 갖습니다. 그러한 시간을 '안거'라고 하지요. 하안거夏安居는 음력 4월 15일부터 7월 15일까지입니다. 늦봄부터 연중 제일 더운 시기까지 정진하는 터라 스님들 기력이 빠지기 쉽습니다. 이럴 때일수록 후원에서는 스님들이 공부하는 데 힘이 되는 음식을 장만하기 위해서 더 바쁘게 움직입니다. 하안거 상차림 10가지의 기본 구성은 1식 3찬입니다. 이름이 '하안거 상차림'일 뿐, 가정에서는 이 상차림을 기본으로 제철 재료를 활용해 찬을 만들면 봄여름 내내 활용하기 좋습니다.

표고양념구이

오이무채소박이

양하장아찌

풋고추김치

버섯덮밥

하안거 상차림
01

찬밥 해결사
버섯덮밥 상차림

버섯덮밥 / 풋고추김치 / 표고양념구이 / 오이무채소박이 / 양하장아찌

찬밥이 남으면 소쿠리에 넣어서 가마솥에 찝니다. 이렇게 찐 밥으로 만들면 좋은 것이 덮밥입니다. 찬밥을 찐 사실을 감추기 위해서라고 생각해도 크게 틀린 것은 아닙니다. 버섯을 썰어 물만 붓고 농도만 맞추면 되니 볶거나 지지지 않아도 되는 별미 밥상입니다.
반찬들도 미리 만들어 둔 것들로 차리면 됩니다. 한창 더울 때는 불 앞에서 밥을 하는 것도 고역입니다. 이럴 때 차리기 좋은 밥상이지요. 표고양념구이는 깻잎에 싸서 먹으면 더 맛있습니다.

버섯덮밥

재료

물표고버섯 3~4개
팽이버섯 1/2봉지
양송이버섯 4개
새송이버섯 1개
청·홍피망 각 1/2개
은행 10알

〈양념〉
채수 2컵
집간장·참기름 각 1큰술
소금 약간

〈녹말 물〉
채수 2큰술
녹말가루 1큰술

만드는 법

1. 물표고버섯은 씹는 맛을 위해 너무 가늘지 않게 채썬다.
2. 팽이버섯은 반으로 자르고 아랫부분은 적당한 크기로 찢어 둔다.
3. 양송이버섯은 버섯 모양대로 썰어 둔다.
4. 새송이버섯은 길이로 2~3등분 하여 채썰어 준비한다.
5. 피망은 버섯과 같은 길이와 크기로 썰어 준비한다.
6. 은행은 프라이팬에 기름을 조금 두르고 볶아서 껍질을 제거해 둔다.
7. 채수 2큰술에 녹말가루 1큰술을 넣어 녹말 물을 만든다.
8. 채수 2컵을 끓이다가 팽이버섯을 뺀 버섯들을 넣고 집간장으로 빛깔을 내고 소금으로 간한 뒤, 버섯이 익을 정도로 한소끔 끓인다.
9. 버섯이 충분히 익으면, 7의 녹말 물을 넣어서 농도를 맞춘다.
10. 피망과 팽이버섯을 넣고 팽이버섯의 숨이 죽으면 불을 끈다. 은행과 참기름을 넣어 밥 위에 뜨끈하게 끼얹어 낸다. 밥에 끼얹어 먹을 때는 참기름을 조금 넉넉하게 둘러도 좋다.

홍승 스님의 STORY

표고버섯은 사찰에서 가장 많이 먹는 음식 재료 중 하나입니다. 표고버섯으로 만든 채수로 모든 음식을 조리하니 사찰음식의 기본 양념 중 하나죠.
모든 음식에 조금씩 넣는 보조 재료 역할도 합니다. 야채볶음이나 찌개, 국에도 들어가니 사찰음식계의 스타인 셈이지요.

오이무채소박이

재료

오이 2개
무(小) 200g
당근 1/3개

〈양념〉
고운 고춧가루
(너무 맵지 않은 것) 1/2컵
식초 · 설탕 각 3큰술
소금 1작은술

만드는 법

1. 오이를 깨끗이 씻어 3~4등분으로 자르고 소금을 뿌려 살짝 절인다.
2. 무, 당근은 깨끗하게 씻어 곱게 채썬다.
3. 오이는 젓가락으로 속을 예쁘게 파낸다. 너무 많이 파면 속을 넣을 때 터지므로 주의한다.
4. 오이를 물에 살짝 헹군 뒤 물기를 제거한다.
5. 채썬 무와 당근에 고운 고춧가루, 식초, 소금, 설탕을 넣어 새콤달콤하게 간을 하고 새빨갛게 무친다.
6. 속을 파낸 오이 속에 준비한 속을 꼭꼭 채운다. 속이 덜 차면 썰고 난 뒤 속이 빠질 수 있으니 꼭꼭 채운다.
7. 김밥처럼 먹기 좋은 크기로 썰어 상에 올린다.

홍승 스님의 TIP

1의 과정에서 소금을 뿌리는 것은 오이가 부러지지 않도록 하기 위해서입니다. 이때 오이를 너무 오래 절이면 맛이 없어집니다.
5의 과정에서, 오이 속은 처음부터 새빨갛게 무쳐야 먹을 때도 먹음직스럽습니다. 오이 속은 시간이 지날수록 색이 연해지기 때문입니다.

풋고추김치

재료

풋고추 20개
무 200g
미나리 한 줌

〈양념〉

고춧가루 3큰술
집간장 1큰술
매실즙 1큰술
소금

만드는 법

1. 풋고추는 꼭지 부분을 떼지 말고 1㎝만 남기고 자른 뒤 길이로 한 쪽만 칼집을 내어 소금물에 1시간 정도 절인다.
2. 무는 곱게 채썬다.
3. 미나리는 잎을 떼어 내고 줄기만 4~5㎝ 정도로 자른다.
4. 무와 미나리에 고춧가루와 소금, 집간장, 매실즙을 넣고 김치 속을 만들어 둔다.
5. 살짝 절인 고추에 준비된 소를 넣어서 통에 차곡차곡 담은 뒤 생수에 고추 물만 빨갛게 들여서 소금으로 간을 한 후 잘박할 정도로 붓는다.
6. 하루 정도 지난 후에 먹는다.

표고양념구이

재료

불린 표고버섯(小) 10~12개
깻잎 약간

〈양념장〉
고추장 2큰술
맛간장·참기름 각 1큰술
올리고당·깨소금 각 1큰술
고춧가루(생략 가능) 1큰술

만드는 법

1. 표고버섯은 깨끗이 씻어서 미리 불려 둔다.
2. 불린 표고버섯의 물기를 꼭 짜서 꼭지는 떼어 내고 두꺼운 것은 양념이 잘 배도록 겉에 살짝 십자 모양으로 칼집을 낸다.
3. 깻잎을 깨끗이 씻어 물기를 제거한다.
4. 준비된 양념으로 양념장을 만든다.
5. 표고버섯 안쪽에 양념장을 충분히 발라서 재워 둔다.
6. 달군 프라이팬에 기름을 조금만 두르고 양념이 묻지 않은 바깥쪽을 먼저 얹어 굽는다.
7. 깻잎과 구운 표고버섯을 함께 상에 내 싸 먹는다.

양하장아찌 만드는 법 177쪽

냉잡채

오이소박이물김치

감자수제비

하안거 상차림
02

함께 만들어 먹어야 제맛
감자수제비 상차림

감자수제비 / 오이소박이물김치 / 냉잡채 / 곰취장아찌

대중처소에서 감자수제비를 하는 날은 울력(여러 사람이 힘을 합해 일함)을 합니다. 감자 가는 일이 보통 일이 아니기 때문이죠. 감자수제비는 강판에 갈아야 합니다. 믹서에 갈면 식감이 떨어지니까요. 하지만 조그만 강판으로 언제 그 많은 감자를 다 갈겠습니까.

절에는 대중 울력용 강판이 따로 있습니다. 크고 둥근 양은 쟁반 아시지요? 지름 50㎝ 정도 되는 양은 쟁반을 엎어 놓고 가는 못으로 구멍을 뚫습니다. 그런 다음 뒤집어서 보면 쟁반 앞면에 강판처럼 울퉁불퉁 구멍이 뚫려 있습니다. 스님들이 자체 제작한 이 양은 쟁반 강판은 네 사람이 같이 사용하면 딱입니다. 대중이 많아도 이런 쟁반 강판 몇 개만 있으면 다 해결됩니다.

가마솥에 불을 때서 끓인 감자수제비는 감자 가는 수고로움을 싹 잊을 만큼 맛이 좋습니다. 음식은 제철 재료로 만들어야 맛있습니다. 그래야만 그 재료가 품은 영양과 맛을 제대로 먹을 수 있겠지요.

감자수제비

재료

감자 8개
호박 50g

〈부재료〉
채수 6~7컵
소금 · 집간장

〈양념장〉
양조간장 · 집간장 각 1큰술
깨소금 · 참기름 각 1큰술
청양고추 1개
고춧가루 1큰술

만드는 법

1. 감자는 껍질을 깎아 강판에 간다.
2. 강판에 간 감자를 깨끗한 보자기에 걸러 꼭 짠 후 건더기는 따로 그릇에 담고, 감자 국물은 가라앉힌다.
3. 감자 국물의 녹말이 가라앉으면 윗물은 따라 버리고 가라앉은 녹말과 건더기를 섞어 소금을 약간 넣고 반죽해 먹기 좋은 크기로 경단을 만든다(반죽이 질면 녹말가루를 조금 넣어도 된다).
4. 호박은 곱게 채썰어 둔다.
5. 청양고추를 다져 양념장을 만들어 둔다.
6. 표고버섯과 다시마로 채수를 낸다.
7. 국물이 끓으면 표고버섯과 다시마는 건져 낸다. 집간장으로 색을 내고 소금으로 1차 간을 한 후 경단을 넣어 익을 때까지 바닥에 붙지 않도록 중간중간 저어 주면서 끓인다.
8. 어느 정도 끓으면 호박을 넣고 끓인 후 간을 맞추고 경단이 떠오르면 불을 끈다.
9. 채수를 낸 표고버섯과 다시마는 채를 썰어 고명으로 쓴다.
10. 양념장을 곁들여 상에 낸다.

홍승 스님의 TIP   감자수제비는 끓을 때 너무 많이 저으면 감자가 풀어져서 국물이 걸쭉해집니다. 눌러 붙지 않을 정도로만 젓습니다.

오이소박이물김치

재료

오이 3개
무 150g
청 · 홍고추 각 1개

〈오이절임물〉
물 3컵
소금 2와 1/2큰술

〈김칫국물〉
생강즙 · 배즙 각 1컵
홍고추 2~3개
소금 1과 1/2큰술

〈찹쌀 풀〉
찹쌀가루 2큰술
물 4~5컵

만드는 법

1. 오이는 깨끗이 씻어서 4~5등분으로 잘라 십자로 칼집을 낸다.
2. 분량의 찹쌀 풀을 쑨다.
3. 물 3컵에 소금을 넣어 끓인다. 물이 끓으면 뜨거운 상태로 오이에 부어 절인다.
4. 무는 채를 썰어 소금 1작은술을 넣어 절이고 청 · 홍고추는 씨를 털고 곱게 채썬다.
5. 만들어 놓은 찹쌀 풀이 식으면 홍고추를 갈아서 물만 짜서 넣고 생강즙, 배즙, 소금을 넣어 국물을 만든다.
6. 다 절인 오이는 씻지 말고 건져서 물기를 뺀 후 절인 무와 청 · 홍고추를 섞어 오이 속에다 곱게 넣는다.
7. 통에 차곡차곡 담고 국물을 부어 완성한다.

냉잡채

재료

당면 100g
양배추 잎 2장
적채 큰 잎 2장
오이 1/2개
상추 · 깻잎 각 10장

〈당면 양념〉
맛간장 1컵
설탕 1큰술
식용유 2큰술

〈소스〉
겨자 1큰술
레몬즙 · 설탕 각 2큰술
배즙 · 양조간장 각 2큰술

만드는 법

1. 당면은 찬물에 가지런히 넣어 1시간 정도 불린다.
2. 양배추, 적채, 오이, 상추, 깻잎은 채썰어 준비한다. 상추와 깻잎은 너무 가늘면 꼬이므로 적당한 굵기로 썬다.
3. 팬에 당면 양념을 넣고, 끓으면 당면을 넣어 볶는다.
4. 분량대로 냉잡채 소스를 만든다.
5. 큰 접시에 손질한 재료를 돌려 담고 가운데 소스를 따로 담아 내거나 재료에 끼얹어 낸다.

곰취장아찌 만드는 법 178쪽

상추대궁김치

깻잎김치

가지냉채

콩나물비빔국수

하안거 상차림

03

스님들의 완소 별미
국수 상차림

콩나물비빔국수 / 상추대궁김치 / 깻잎김치 / 가지냉채

이번 상차림에서는 비빔국수 양념장이 별미입니다. 하루 전에 미리 만들어 숙성시켜 먹으면 더 맛있습니다. 국물 국수를 좋아하는 분은 상추대궁김치에 말아 먹어도 됩니다. 국수를 가지냉채에 넣어 먹어도 맛있습니다. 조리는 응용이니까요. 얼마든지 재료를 바꿔서 기호에 맞게 드시면 됩니다.

콩나물비빔국수

재료

소면 3인분
콩나물 1봉지
당근 약간
오이 1/2개
양배추(오이 정도의 양)
상추 한 줌

〈비빔 양념장〉

고추장 3~4큰술
설탕 · 식초 · 양조간장 ·
참기름 · 올리고당 ·
매실즙 각 1큰술
사과 간 것 1/2컵
통깨

만드는 법

1. 콩나물은 소금물에 비린내만 가실 정도로 삶아 얼른 찬물에 헹구어 참기름과 소금으로 버무린다.
2. 당근, 오이, 양배추, 상추는 곱게 채썬다.
3. 분량의 양념으로 비빔장을 만든다(신맛과 단맛은 기호에 따라 맞춘다. 싱거우면 소금으로 간한다).
4. 국수를 삶아 양념장의 반만 덜어 국수를 버무린 후, 그릇에 담고 야채를 얹은 다음 소스를 넉넉히 끼얹어 상에 낸다.

홍승 스님의 STORY

국수의 기원은 중국이라는 얘기도 있지만 우리나라는 고려시대부터 먹기 시작했다고 합니다. 국수는 사찰과도 연관이 있습니다. 조선시대의 문헌을 보면 '절에서 국수를 팔았다'는 기록이 있습니다.

흔히 국수는 간단히 먹을 수 있는 음식이라고 생각합니다. 하지만 절에서의 국수 상차림은 손이 많이 갑니다. 우선 저처럼 국물 국수를 좋아하는 스님들을 위해서 잔치국수 국물과 고명을 만들어야 하지요. 또 비빔국수를 좋아하는 스님들을 위해서는 비빔국수 고명도 만들어야 합니다. 국수를 삶아서 소쿠리에 예쁘게 말아서 내면, 각자 취향대로 덜어서 드시도록 상차림을 합니다. 그러니 고명을 각자 덜어 드실 수 있도록 접시에 동그랗게 담아야 하는 것은 물론이고 국물도 따로 내야죠. 그리고 상 위에는 기본적으로 설탕과 식초, 간장을 놓아서 기호에 맞게 드실 수 있게 해야 합니다. 이래서 국수 먹는 날은 상차림이 더 복잡할 수밖에 없습니다.

힘들기는 하지만 스님들이 먹고 기뻐하니 그런 스님들 얼굴만 보아도 웃음이 납니다. 그래서 국수를 '승소僧笑'라 하는가 봅니다. 스님들이 국수 소리만 들어도 웃는다고 하여 붙여진 말입니다. 그만큼 스님들이 국수를 좋아한다는 얘기겠지요. 대중처소에 살 때 안거철이면 일주일에 한 번 정도는 국수를 먹었던 기억이 있습니다.

상추대궁김치

재료

상추 500g
청양고추 2개
홍고추 1개
무 100g

〈양념〉
고춧가루 2큰술
집간장·생강즙 각 1큰술
배즙 1컵
매실즙 3큰술
소금 약간

〈밀가루 풀물〉
물 1ℓ
밀가루 3큰술

만드는 법

1. 상추는 대가 있는 것을 준비해 깨끗이 씻은 후 대궁은 칼등으로 살살 두들겨 소금에 30분 절인 뒤 소쿠리에 건져 물기를 뺀다.
2. 밀가루 풀물을 엷게 쑤어 차게 식힌다(감자 삶은 물을 써도 된다).
3. 무는 채썰어 소금에 살짝 절인다.
4. 청양고추와 홍고추는 어슷썰기 하여 씨를 털어 낸다.
5. 풀물에 양념을 섞어 간을 맞춘다.
6. 물기 뺀 상추 한 켜, 절인 무 한 켜, 국물 순으로 통에 담는다.
7. 하루 정도 삭혀서 먹는다.

깻잎김치

재료 깻잎 300g, 청양고추 1개, 홍고추 1개, 당근 200g
〈깻잎절임장〉
양조간장·집간장 각 1큰술, 설탕 2큰술
〈양념〉
고춧가루 1/2컵, 매실즙 1큰술
〈찹쌀 풀〉
물 1컵, 찹쌀가루 1큰술

만드는 법

1. 깻잎은 한 장씩 씻은 후 물기를 뺀다.
2. 양조간장과 집간장, 설탕을 섞어서 깻잎을 15분 정도 절인다.
3. 홍고추, 청양고추, 당근은 채썬다.
4. 깻잎이 숨이 죽으면 건져서 물기를 손바닥으로 짠다.
5. 깻잎을 절였던 간장에 찹쌀 풀과 나머지 양념, 야채를 넣어 양념장을 만든다.
6. 깻잎에 양념을 한 장씩 켜켜이 바른다.

가지냉채

재료 가지 1개, 청·홍고추 각 1개
표고버섯 2개, 당근 100g
〈소스〉
맛간장 2컵, 매실즙 3~5큰술
참기름·통깨 각 1큰술

만드는 법

1. 가지는 5~6cm 길이로 자른 뒤 먹기 좋은 크기로 잘라 찜기에 무르게 푹 찐 다음, 체에 받쳐 식힌다.
2. 분량의 소스는 미리 만들어 냉장고에서 차게 식힌다.
3. 청·홍고추, 표고버섯, 당근을 곱게 채썬다. 표고버섯과 당근은 살짝 볶는다.
4. 소스에 재료와 양념을 섞어 양념장을 만든다.
5. 가지 가운데 칼집을 조금 넣어 칼등으로 살짝 두들긴 다음, 소스를 넉넉히 부어 상에 낸다.

깻잎장아찌

곤약조림

열무김치

김장아찌

아욱국

가지나물비빔밥

하안거 상차림
04
—

냉장고 싹 비우고 싶을 때
비빔밥 상차림

가지나물비빔밥 / 아욱국 / 열무김치 / 곤약조림 / 김장아찌 / 깻잎장아찌

어느 사찰이든 밭이 있으면 꼭 심는 것이 있습니다. 가지, 오이, 상추, 고추, 아욱입니다. 상추를 먹다 보면 아욱이 올라옵니다. 아욱이 올라오기 시작하면 부드러울 때 부지런히 뜯어 먹어야 합니다. 아침 일찍 밭에 나가 상추와 아욱 등을 따다 보면 가지나 오이가 열리기 시작하는 것이 보입니다. 그래서 여름 한철은 부식비가 많이 절약됩니다.

가지나물비빔밥은 다른 비빔밥과는 달리 부드럽습니다. 가지의 촉촉함이 밥에도 스며들어 맛있지요. 맑은 아욱국과 열무김치, 깻잎장아찌만 있어도 별미 한 끼 식사로 훌륭합니다.

가지나물비빔밥

재료

가지 2개
애호박 1/2개
당근 50g
청포묵 1/2개
불린 표고버섯 3~4개
식용유 · 소금

〈가지나물 양념〉
양조간장 · 참기름 각 1큰술
깨소금 1큰술

〈양념장〉
양조간장 · 집간장 · 채수 ·
깨소금 · 참기름 각 1큰술

만드는 법

1. 가지는 꼭지 부분을 잘라 내고 껍질을 중간중간 벗긴 후, 어슷썰기로 채썬다.
2. 김이 오른 찜통에 면 보자기를 깔고 그 위에 채썬 가지를 넣어 무르게 찐다.
3. 애호박은 채썰어 소금에 살짝 절였다가 물기를 제거하고 볶는다.
4. 당근도 채썰어 소금 간하여 볶는다.
5. 청포묵도 채썰어 살짝 데친 다음 참기름, 소금으로 밑간을 한다.
6. 표고버섯도 채썰어 참기름, 소금으로 밑간한 다음 볶는다.
7. 찐 가지가 푹 물러졌으면 꺼내서 한 김 식힌 후에 분량의 가지나물 양념을 넣어 조물조물 무쳐 둔다.
8. 분량의 재료를 섞어 양념장을 만든다.
9. 그릇에 밥을 담고 가지나물과 준비한 고명을 담아 양념장을 곁들여 상에 낸다.

홍승 스님의 TIP

비빔밥 레시피에 소개된 재료가 집에 없다고 해서 일부러 장을 볼 필요는 없습니다. 사찰음식이 좋은 점은 레시피대로 재료를 장만하지 않아도 된다는 겁니다. 냉장고에 있는 재료 내에서 만들어도 맛이 크게 달라지지 않습니다. 다만 주재료는 신경 써야 합니다.

음식에는 마음이 들어 있어야 합니다. 사랑하는 사람들을 위해 음식을 만든다는 기쁜 마음만 있으면 하찮은 재료로 만든 음식도 약이 됩니다.

아욱국

재료

아욱 1/2단

〈양념〉
된장 3큰술
고추장·집간장 각 1큰술
채수 8~9컵(19쪽 참조)
소금

만드는 법

1. 아욱은 질긴 껍질을 벗기고 굵은 소금을 뿌려 박박 치댄 후 먹기 좋은 크기로 잘라서 푸른 물을 빼고, 찬물에 담가 놓는다.
2. 된장, 고추장을 섞은 후 잘 으깨 가며 섞는다.
3. 냄비에 채수를 붓고 된장과 고추장 섞은 것을 넣어 푼다.
4. 물에 담가 둔 아욱을 건져서 물을 빼고 넣는다.
5. 아욱이 누렇게 익을 때까지 끓인다. 간이 부족하면 집간장이나 소금으로 간한다.

열무김치

재료

열무 1단
홍고추 2개
청양고추 2개
생강 1톨
물 14컵

〈찹쌀 풀〉
찹쌀가루 1컵
물 3컵

〈양념〉
소금 5큰술
고춧가루 9큰술
생강 간 것 1큰술
매실즙 4큰술

만드는 법

1. 열무는 다듬어서 깨끗이 씻어 소쿠리에 밭쳐 물을 뺀다.
2. 찹쌀가루 1컵을 물 3컵에 풀어 놓는다.
3. 물 7컵을 끓이다가, 물이 끓어오르면 2를 넣어 풀을 쑤어서 식힌다.
4. 청양고추와 홍고추는 어슷썰기 하고 생강은 갈아서 즙만 준비한다.
5. 찹쌀 풀이 식으면 물 7컵과 섞어서 준비된 양념과 나머지 재료를 넣어 섞는다.
6. 씻어 둔 열무를 양념과 살살 버무려 통에 담는다. 조심스럽게 버무려야 열무 특유의 풋내가 나지 않는다.
7. 하루 정도 숙성시켜 냉장 보관한다.

곤약조림

재료

곤약묵(大) 1봉지

〈양념〉
맛간장 2컵
올리고당 3큰술
식용유 1큰술
참기름·통깨

만드는 법

1. 곤약묵은 0.5㎝ 두께로 썰어서 가운데 2㎝ 정도 칼집을 내 타래 모양으로 만든다.

2. 곤약묵을 끓는 소금물에 한 번 데친다. 이 과정을 거치면 곤약 특유의 냄새를 없앨 수 있다.

3. 데친 곤약에 맛간장, 올리고당, 식용유를 넣고 중간불에 천천히 오래 조린다.

4. 다 조려졌으면 불을 끄고 참기름과 통깨를 넣는다.

김장아찌

재료

김 20장
다진 잣 1/2컵

〈양념〉
맛간장 2컵
고춧가루 1큰술
통깨 2큰술
올리고당 · 참기름 각 3큰술

만드는 법

1. 김을 프라이팬에 살짝 구운 뒤, 16조각으로 자른다. 김을 구울 때는 프라이팬을 약한 불에 놓고, 김을 여러 장 겹쳐서 앞뒤로 살짝 살짝 구워 바깥쪽 김부터 빼 둔다.

2. 잣을 아주 곱게 다진다(치즈 가는 도구를 사용하면 편리하다).

3. 준비된 양념과 잣을 섞어 양념장을 만든다.

4. 잘라 놓은 김을 2~3장 정도 잡아 양념장에 담뿍 적셔서 반찬통에 차곡차곡 재어 둔다.

5. 다른 통에 옮기면서 뒤집어 둔다. 서너 번 뒤집어야 한다.

> 깻잎장아찌 만드는 법 175쪽

하안거 상차림
05
―

거르지 않되 담박하게 먹는 아침상
완두콩밥 상차림

완두콩밥 / 버섯들깨탕 / 얼갈이배추김치 / 콩자반 / 콩나물무침 / 민들레장아찌

많은 스님이 모여 수행하는 대중처소에서는 아침에 발우공양을 합니다. 그래서 아침 상차림은 발우공양 하기 좋은 메뉴로 짭니다. 아침밥이기 때문에 위에 부담이 가지 않는 담백한 음식을 주로 만들지요.
평소 밑반찬을 대여섯 가지만 준비해 놓으면 상차림이 쉬워집니다. 부록으로 소개하는 장아찌 레시피를 참조해서 몇 가지 만들어 두면 아침밥상도 뚝딱 차릴 수 있습니다. 스님들이 건강한 이유는 끼니를 거르지 않기 때문입니다. 끼니 거르지 마십시오. 젊은 시절의 잘못된 식생활이 나이 먹으면 몸에 고스란히 나타납니다.

완두콩밥

재료

완두콩 1/2컵
쌀 2컵
물 2컵

만드는 법

1. 완두콩은 깨끗이 씻는다.

2. 쌀은 30분 정도 불린 다음 그 물은 따라 버리고 냄비에 쌀과 분량의 물을 넣어 밥을 짓는다.

3. 센불에서 5분 정도 익힌 후 중약불로 줄이고 완두콩을 넣은 다음 3분 정도 있다가 불을 끄고 뜸을 들인다. 이렇게 해야 완두콩 색이 새파랗다.

홍승 스님의 TIP

냄비 밥이 어렵게 여겨지면, 전기밥솥에 같은 양의 쌀과 물을 넣고 완두콩을 위에 얹으면 됩니다. 이 책에 나오는 밥의 경우, 냄비나 솥 대신 전기밥솥에다 지어도 좋습니다. 다만 전기밥솥 밥은 냄비 밥과 달리, 중간에 뚜껑을 열어 보거나 불을 조절할 수 없다는 아쉬움이 있지요.

버섯들깨탕

재료

물표고버섯 3개
새송이버섯 1개
팽이버섯 1봉지
양송이버섯 5개
찹쌀가루 2큰술
들깻가루 · 채수 각 1컵

〈양념〉
채수 6~7컵
집간장 · 소금

만드는 법

1. 버섯은 전부 5~6㎝ 길이에 0.5㎝ 두께로 채썰듯 썰어 준비한다.
2. 들깻가루와 찹쌀가루를 채수에 미리 개어 둔다.
3. 채수를 끓이다가 집간장으로 색을 내고 소금으로 간하여 팽이버섯을 제외한 나머지 버섯을 넣는다.
4. 끓으면 미리 개어 둔 들깻가루와 팽이버섯을 넣고 한소끔 더 끓인 뒤 소금으로 간한다.

홍승 스님의 TIP 찹쌀가루를 조금 넉넉히 넣으면 죽 대용식으로 좋습니다.

얼갈이배추김치

재료

얼갈이배추 1단

〈찹쌀 풀〉
찹쌀가루 2큰술
물 2컵

〈김치 양념〉
배 1/2개
홍고추 5개
생강 1쪽
고춧가루 1컵
매실즙 2큰술
집간장 1큰술
소금 약간

만드는 법

1. 얼갈이배추는 다듬어 깨끗이 씻은 후 자르지 말고 줄기 부분에만 소금을 뿌려 절인다.
2. 찹쌀 풀을 쑤어 식힌다.
3. 배를 갈아 즙을 내고 홍고추와 생강을 넣어 믹서에 갈아 양념을 준비한다.
4. 찹쌀 풀이 식으면 양념을 전부 섞고 색깔을 내기 위해 고춧가루를 넣는다(단맛을 내고 싶으면 매실즙을 넣는다).
5. 절인 배추를 물에 헹군 후 양념을 발라 통에 차곡차곡 담는다.

콩자반

재료 서리태 1컵, 물 4컵

〈부재료〉
양조간장 4큰술, 올리고당 2큰술, 설탕 1큰술
참기름 · 통깨

만드는 법

1. 콩은 깨끗이 씻어 물 4컵을 넣고 끓인다.
2. 끓기 시작하면 중약불로 줄이고 설탕을 넣은 다음 30분 정도 더 끓인다.
3. 콩이 익었으면 양조간장을 넣고 센불에서 자작해질 때까지 조린다.
4. 거의 졸여지면 올리고당을 넣고 한 번 뒤적인 후 불을 끄고 참기름과 통깨를 넣어 마무리 한다.

콩나물무침

재료 콩나물 100g, 물 1컵, 소금 1작은술

〈양념〉
참기름 1큰술, 양조간장 1큰술
통깨 · 고춧가루

만드는 법

1. 콩나물은 깨끗이 씻어 냄비에 물 1컵만 넣고 소금 1작은술을 넣어 비린내만 가실 정도로 살짝 삶는다.
2. 양조간장으로 색만 내고, 나머지 양념을 모두 넣어 조물조물 무친다.

민들레장아찌 만드는 법 174쪽

하안거 상차림
06

여름철 기력을 보충하는
찹쌀밥 상차림

찹쌀밥 / 미역국 / 청경채김치 / 구운 김 / 표고버섯튀김조림 / 꽈리고추간장조림

스님들은 삭발과 목욕을 하는 날이 정해져 있습니다. 음력으로 숫자 6이 들어가는 날입니다. 예전에는 보름 전날과 그믐날이었는데, 근래 들어 삭발과 목욕을 한 달에 두 번만 하면 청결에 문제가 있을 수 있어 열흘에 한 번씩 하는 것으로 바뀌었습니다. 삭발 목욕일이면 스님들은 공부를 내려놓고 하루 쉽니다. 아침 일찍 삭발을 하고 사중에 있는 공중목욕탕에서 목욕을 하고 밀린 빨래도 합니다.

이날은 꼭 찰밥에 미역국, 김이 나오는 상을 차립니다. 왜 그런지 궁금해서 어른 스님께 물었더니 "골 미라고(골 먹이려고) 먹는다"고 하셨습니다. 처음에는 무슨 소리인지 몰랐는데 시간이 지난 후 그 말이 영양 보충을 시켜 준다는 뜻임을 알았습니다. 찹쌀밥과 미역국으로 차린 밥상은 더위에 지친 심신을 회복시켜 줍니다.

찹쌀밥

재료

찹쌀 2와 1/2컵
수수 · 팥 외 잡곡 1/3컵
물 3컵
소금

만드는 법

1. 찹쌀은 깨끗이 씻어 30분 정도 불린 다음 체에 밭쳐 물기를 뺀다.
2. 팥은 씻어 냄비에 담고 자작하게 물을 부어 한소끔 끓으면 물을 따라 내고 다시 물을 부어 속까지 충분히 무르익도록 삶아 건진다. 팥 삶은 물을 밥물로 써도 된다.
3. 찹쌀을 솥에 안치고 소금을 넣어 섞은 다음, 분량의 물을 붓고 센 불에서 끓인다.
4. 밥물이 끓기 시작하면 불을 약하게 줄인 다음, 삶은 팥을 넣고 위아래를 뒤적이며 고루 섞어 은근히 뜸을 들인다.

미역국

만드는 법

1. 미역은 15~20분 정도 물에 불려서 깨끗이 씻은 후 먹기 좋은 크기로 자른다.
2. 냄비에 들기름이나 참기름을 넣고 미역을 넣어 쌀뜨물을 조금씩 부으면서 뽀얀 국물이 나올 때까지 볶는다.
3. 남은 쌀뜨물을 붓고 집간장을 넣어 30분쯤 끓인다. 마지막 간은 소금으로 한다.

재료 마른 미역 1컵, 쌀뜨물 8컵

〈양념〉
들기름(참기름)·집간장 각 2큰술
소금 1/2큰술

꽈리고추간장조림

만드는 법

1. 꽈리고추는 큰 것은 반으로 자르고 작은 것은 칼로 구멍을 뚫는다.
2. 새송이버섯은 고추와 비슷한 크기로 자른다.
3. 조림 팬에 재료를 넣고 양념을 넣어 약불에서 고추가 무를 때까지 조린다. 불을 끄고 참기름과 통깨로 마무리한다.

재료 꽈리고추 100g, 새송이버섯(大) 1개

〈양념〉
맛간장 1컵, 올리고당·참기름·통깨 각 1큰술

청경채김치

재료

청경채 800g(16~18개)

〈양념〉
고춧가루 150g
집간장·생강즙 각 1큰술
배즙 1/2컵
매실즙 3큰술
소금·통깨

〈되직한 찹쌀 풀〉
채수 1컵
찹쌀가루 2큰술

만드는 법

1. 청경채는 씻은 다음 건져서 줄기 부분에 소금을 뿌리고 30분간 절인다.

2. 냄비에 채수 1컵과 찹쌀가루 2큰술을 넣고 풀을 끓여서 식힌다.

3. 식은 찹쌀 풀에 나머지 양념을 섞어 김치 양념을 만든다.

4. 절인 청경채를 씻어 물을 뺀 다음 양념을 골고루 바른다.

표고버섯튀김조림

재료

마른 표고버섯(大) 10개
은행 10알
홍고추 1개
청양고추(小) 2개

〈양념〉
찹쌀가루 1/2컵
식용유
소금·후춧가루

〈소스〉
맛간장 1/2컵
올리고당 2큰술
고추장 1큰술
고춧가루(생략 가능) 1큰술

만드는 법

1. 마른 표고버섯을 미지근한 물에 부드럽게 불린 다음 기둥을 떼고 안쪽으로 칼집을 주어 소금, 후추로 밑간을 한다.
2. 은행은 달군 팬에 기름을 두르고 볶아 껍질을 벗긴다.
3. 홍고추와 청양고추는 씨를 빼고 곱게 다진다.
4. 표고버섯은 칼집 낸 쪽을 바깥으로 돌돌 말아 찹쌀가루를 묻혀서 끓는 기름에 바삭하게 튀긴다.
5. 튀긴 표고버섯을 적당하게 썬다.
6. 오목한 팬에 분량의 소스 재료를 다 넣어 반으로 졸인다. 튀긴 표고버섯을 넣어 양념이 배도록 가볍게 버무린 후 고추 다진 것을 넣고 마무리한다. 요리에 은행을 넣어 상에 낸다.

묵은지볶음

호박선

가지장아찌

쑥갓두부무침

오이미역냉국

표고버섯밥

하안거 상차림
07

어떤 반찬과도 잘 어울리는
표고버섯밥 상차림

표고버섯밥 / 오이미역냉국 / 묵은지볶음 / 호박선 / 쑥갓두부무침 / 가지장아찌

표고버섯밥은 제가 사찰음식 강의를 하면서 가장 많이 추천하는 음식입니다. 특별한 반찬이 필요 없는 밥이거든요. 집에 갑자기 손님이 오셨을 때, 급하게 차려도 칭찬받을 수 있는 상차림입니다.
저는 표고버섯밥을 할 때 우엉을 꼭 넣습니다. 그 이유는 두 가지입니다. 첫째, 표고버섯 특유의 강한 향을 잡기 위해서입니다. 우엉을 넣으면 우엉과 표고버섯의 향이 어우러져 구수하고 맛있는 향이 납니다. 둘째, 식감이 좋아집니다. 버섯만 넣어도 되지만 우엉이 들어가면 우엉의 아삭한 식감 때문에 더 맛있습니다. 표고버섯밥은 고명을 많이 넣어야 맛있습니다. 쌀과 고명의 비율은 1:1입니다.

표고버섯밥

재료

쌀 2인분
마른 표고버섯 20개
우엉(굵기, 中) 1/2줄
참기름 2큰술

〈양념장〉
청·홍고추 각 1개
양조간장·집간장·채수·
참기름·통깨 각 1큰술

만드는 법

1. 쌀을 물에 깨끗이 씻어서 미리 불린다.
2. 마른 표고버섯을 물에 깨끗이 씻어서 미리 불린다.
3. 불린 표고버섯은 꼭지를 떼고 꼭 짜서 곱게 채를 썬다.
4. 우엉은 껍질을 깎아 5㎝ 길이로 어슷썰기 하여 채썰어 물에 담가 둔다.
5. 채를 썬 표고버섯과 우엉을 참기름 2큰술을 넣고 볶는데, 이때 타지 않도록 채수를 조금씩 부어 가면서 볶는다.
6. 볶은 버섯과 우엉을 밑에 깔고 그 위에 미리 불려 놓은 쌀을 얹어 밥을 짓는다(전기밥솥으로 밥을 할 때도 같은 방법으로 하면 된다).
7. 밥물은 쌀이 살짝 잠길 정도만 넣고, 중간에 두 번쯤 뒤집는다.
8. 밥이 되는 동안 청·홍고추를 다져서 양조간장과 통깨, 참기름을 넣어 양념장을 만든다.
9. 밥이 다 되면 골고루 섞어서 양념장과 함께 낸다.

호박선

재료

애호박 1개

〈고명〉
당근 약간
불린 표고버섯 2개
홍고추 1개
청양고추 1개

〈양념〉
맛간장 1/2컵
올리고당 · 고춧가루 ·
깨소금 · 참기름 각 1큰술

만드는 법

1. 호박은 깨끗이 씻어 길이로 반을 갈라 등 쪽으로 0.8cm 두께로 칼집을 넣는다(칼집을 너무 깊이 넣으면 나중에 부서질 수 있으니 나무젓가락을 양쪽에 놓은 다음 칼집을 넣으면 편하다).

2. 홍고추와 청양고추는 반으로 갈라 씨를 빼고 곱게 채썬다.

3. 당근과 표고버섯도 곱게 채썰어 살짝 볶는다.

4. 찜통에 김이 오르기 시작하면 호박을 넣어 3분 찐다. 새파랗게 색이 살아 있을 정도로 살짝 익힌다.

5. 호박이 익을 동안 준비된 고명(당근, 표고버섯, 고추 등)을 양념과 섞어 양념장을 만든다.

6. 찜통에 찐 호박을 두 송이씩 잘라서 준비한 양념을 송이 사이에 모양 있게 넣는다.

7. 남은 간장은 버리지 말고, 호박선을 그릇에 담아 상에 올리기 직전에 살짝 끼얹는다.

오이미역냉국

재료 오이 1/2개, 미역 반 주먹
물 600㎖, 소금 1큰술, 설탕 2큰술, 식초 3큰술, 통깨

만드는 법

1. 오이는 채썬다.
2. 미역은 찬물에 불려서 살짝 데친다. 오이 대신 참외를 채썰어 넣어도 맛있다.
3. 국물은 미리 만들어 놨다가 오이, 미역을 넣고 통깨를 뿌린다.

묵은지볶음

재료 묵은지 1/2쪽, 홍고추 1개, 들기름 1큰술

만드는 법

1. 묵은지는 하루 전날 양념을 털어 내고 하얗게 씻어서 물에 담가 짠맛과 신맛을 없앤다.
2. 1을 쫑쫑 썰어서 들기름을 넣고 프라이팬에 살짝 볶는다. 그래야 아삭한 맛이 살아 있다.
3. 싱거우면 소금으로 간한다. 기호에 따라 고춧가루를 조금 넣어도 된다.

쑥갓두부무침

재료 쑥갓 200g, 두부 1/2모

〈양념〉
소금 · 참기름 약간
통깨 3큰술

만드는 법

1. 쑥갓은 깨끗이 다듬어 끓는 소금물에 새파랗게 데친 뒤 찬물에 헹구어 물기를 뺀 후 적당한 크기로 썰어 둔다.
2. 통깨를 절구에 넣고 으깨듯이 간다. 단, 너무 곱게 갈지 않는다.
3. 깨가 어느 정도 갈아졌다고 생각되면 두부를 넣어 같이 으깬다.
4. 쑥갓과 두부 갈은 것을 함께 넣고 참기름과 소금을 넣어 무친다.

가지장아찌

재료 가지 2개, 올리브오일, 청양고추 2개

〈부재료〉
양조간장 1/2컵, 물 3컵
식초 · 설탕 각 2큰술, 소금 약간

만드는 법

1. 가지는 길게 잘라서 올리브오일에 돌려 가며 살짝 굽는다.
2. 청양고추는 어슷썰기로 채썬다.
3. 구운 가지를 통에 넣고 부재료를 끓여서 뜨거울 때 붓는다.
4. 상에 낼 때는 먹기 좋게 갈라서 낸다.

두유버섯전

여름찌개

녹차잎볶음

땅콩조림

열무김치

두부야채볶음밥

하안거 상차림
08
—

칼칼한 여름찌개와 잘 어울리는
두부야채밥 상차림

두부야채볶음밥 / 여름찌개 / 열무김치 / 두유버섯전 / 땅콩조림 / 녹차잎볶음

지금처럼 냉장 시설이 발달하지 않았던 시절, 음식을 갈무리하는 방법은 두 가지뿐이었습니다. 말리거나 염장을 하는 것이었지요. 사찰음식 중에 장아찌가 많은 것도 이와 관련이 있습니다. 사찰음식에 쓰이는 '두부장'도 사찰 고유의 특별한 보관법으로 탄생한 것입니다.

두부장은 두부의 물기를 꽉 짠 다음, 가마솥에 약한 불로 볶아 물기를 없앤 후 자루에 넣어 된장 속에 넣어 두어 만듭니다. 시간이 지나면 두부가 된장 맛을 빨아들여 맛있는 두부장이 됩니다. 두부를 만들면 나오는 비지도 이런 식으로 만들 수 있습니다.

두부야채볶음밥에는 볶은 두부가 들어갑니다. 그러니 당연히 맛있을 수밖에 없습니다. 고소한 두부와 야채로 만든 영양식이기도 하고요. 칼칼한 여름찌개와 반찬으로 구성된 영양식 한상차림입니다.

두부야채볶음밥

재료

밥 3공기
두부 1모
당근 50g
감자 1개
피망 1/2개
오이 · 애호박 각 1/3개
불린 표고버섯 2개
양조간장 1작은술
소금 · 식용유

〈양념장〉
양조간장 1큰술
집간장 · 채수 각 1큰술
청 · 홍고추 각 1개
통깨 · 참기름 각 1큰술

만드는 법

1. 두부는 으깨어 면포에 꼭 짠 후 약한 불에서 노릇하게 볶는다. 양이 반으로 줄 만큼 볶아지면 양조간장 1작은술을 부어 좀 더 볶는다.

2. 당근, 감자, 피망, 애호박, 불린 표고버섯, 오이는 작은 주사위 모양으로 썬다.

3. 식용유를 살짝 두른 팬에 색이 푸르고 연한 재료부터 각각 따로 소금 간하여 볶는다.

4. 감자는 약한 불에서 오래 볶는다.

5. 팬에 감자와 표고버섯, 밥을 넣고 볶다가 나머지 야채와 두부를 넣고 섞는다.

6. 양념장과 함께 낸다.

여름찌개

재료

감자 2개
애호박 1/2개
두부 1/2모
물표고버섯 3개

〈부재료〉
고추장 3큰술
된장 1큰술
채수 7~8컵
집간장 · 소금

만드는 법

1. 감자는 껍질을 벗겨서 먹기 좋은 굵기로 썰고, 호박은 숟가락으로 큼직하게 자른다. 두부는 납작하게 썰고 버섯은 4등분 한다.

2. 채수를 붓고 고추장, 된장을 풀어 넣고 끓기 시작하면 감자를 넣어 끓인다.

3. 감자가 거의 익었을 때 나머지 재료를 넣고 부족한 간은 집간장이나 소금을 사용한다.

두유버섯전

재료

물표고버섯 · 양송이버섯 각 3~4개
느타리버섯 · 시금치 각 한 줌
청양고추 1개
초간장

〈양념〉
두유 · 밀가루 각 1컵
소금 · 식용유

만드는 법

1. 표고버섯과 양송이버섯, 느타리버섯은 잘게 다진다.
2. 시금치도 다듬어 씻어서 잘게 다지고, 청양고추도 다진다.
3. 재료를 전부 섞어 밀가루와 두유를 넣어 반죽한다.
4. 반죽이 너무 되직하면 채수를 조금 넣어 농도를 조절하고 소금으로 간한다.
5. 한 숟갈씩 떠서 전을 지진다.
6. 다 구운 전을 초간장과 함께 낸다.

땅콩조림

재료 날땅콩 350g, 식용유 1큰술

〈조림장〉
맛간장 2컵, 올리고당 3큰술,
통깨·참기름 각 1큰술

만드는 법

1. 끓는 물에 식용유 2~3방울 정도 넣고 날땅콩을 넣어 약간 덜 익은 듯 한소끔만 삶는다(날땅콩은 한 번 삶아 내야 떫은맛과 비린 맛이 빠진다. 식용유를 넣는 이유는 날땅콩 껍질이 잘 벗겨지지 않도록 하기 위해서다).

2. 날땅콩을 삶아서 헹군 다음, 조림 팬에 넣고 여기에 맛간장, 올리고당을 넣어 조린다. 천천히 오래도록 조려야 제맛이 난다.

3. 조림이 완성되면 마지막으로 참기름과 통깨를 넣고 살살 버무려 상에 낸다.

녹차잎볶음

재료 녹차 잎 200g, 식용유 3큰술

〈조림장〉
양조간장 1큰술, 채수 1/2컵, 올리고당 2큰술

만드는 법

1. 녹차를 우려 마시고 난 찻잎은 버리지 말고 다시 바짝 말린다.

2. 프라이팬에 식용유를 두르고 달궈지면 녹차 잎을 넣어 튀기듯이 재빠르게 볶는다.

3. 조림장 재료를 팬에 넣어 반으로 줄 때까지 충분히 조린 다음, 불을 끄고 찻잎을 넣어 참기름과 통깨를 넣어 버무린다.

감자조림

가지구이

마씨장아찌

배추김치

보리밥

호박잎들깨국

하안거 상차림
09

옛 맛이 주는 건강한 기운
보리밥 상차림

보리밥 / 호박잎들깨국 / 배추김치 / 감자조림 / 가지구이 / 마씨장아찌

출가해서 하공양주를 살 때 일입니다. 저는 속가에 있을 때 보리밥을 먹어 본 기억이 별로 없습니다. 그러니 보리밥을 어찌 지어야 하는지 몰랐습니다. 상공양주 스님이 보리밥 짓는 법을 알려 준 뒤 공부하러 들어가셨습니다. 상공양주 스님의 말을 귀 기울여 듣지 않은 저는 평소 하던 대로 솥에 보리쌀을 넣고 물을 붓고 불을 때어 밥을 지었습니다. 밥을 푸려고 뚜껑을 여니 밥이 잘된 듯 보였습니다. 조금 집어 먹어 보니 이럴 수가! 보리쌀이 익지 않았습니다.

밥을 새로 지을 시간은 없고 어찌 할 바를 모르는데 상공양주 스님이 나오셨습니다. 스님도 당황하셨죠. 그날 스님들은 제대로 익지 않은 보리밥으로 공양을 마쳤습니다. 죄송스러운 마음에 저는 큰 방 앞에 울며 서 있었습니다. 제 모습을 보신 상공양주 스님이 "내 잘못이니 내가 참회했다. 덕분에 색다른 보리밥을 먹었으니 좋은 일이다" 하셨습니다. 저도 미리 여쭤보지 않은 것을 참회했습니다. 보리밥에 대한 잊지 못할 추억입니다.

여름 한철 보리밥은 스님들에게 인기가 좋은 상차림입니다. 그 철 어떤 스님께서 하신 말씀이 생각납니다. "보리밥상이 차려진 날에는 방귀 뀌는 거 시비하지 맙시다."

보리밥

재료

쌀·보리쌀 각 1컵
물 5컵

만드는 법

1. 쌀은 깨끗이 씻어 물기를 뺀다.
2. 보리쌀은 여러 번 씻어 보리쌀 3배 정도의 물을 부어 중불 이하에서 끓인다.
3. 물기가 없어질 정도로 보리쌀이 익으면 밥솥에 보리를 먼저 넣고 위에 준비한 쌀을 넣은 뒤 밥물은 쌀에 맞춰 짓는다.
4. 냄비에 밥을 지을 때는 중불에서 끓이다가 약불로 끓이고 뜸 들이는 순으로 불을 조절하여, 불을 끄고 5분 정도 지나 밥을 푼다.

호박잎들깨국

재료

호박잎 200g
감자 1개
애호박 1/2개
청양고추 1개

〈양념〉
들깻가루 3~4큰술
된장 3큰술
채수 7~8컵

만드는 법

1. 호박잎은 줄기의 껍질을 벗겨 다듬어 잘게 으깬 후 다시 찬물에 씻어 떫은맛을 없앤다.
2. 감자와 호박은 듬성듬성 쪼개어 준비한다.
3. 청양고추를 썰어 둔다.
4. 채수에 된장을 풀어 끓인다. 끓기 시작하면 으깨 둔 호박잎을 넣는다.
5. 호박잎이 누렇게 되면 감자를 넣고, 감자가 익으면 호박을 넣어 끓인다.
6. 들깻가루와 청양고추는 불을 끄기 직전에 넣어 한소끔만 더 끓인다.

감자조림

재료

감자(中) 3개
식용유 1큰술

〈양념〉
물 1컵
양조간장 5큰술
올리고당 2큰술
통깨 · 참기름

만드는 법

1. 감자는 껍질째 깨끗이 씻어 먹기 좋은 크기로 잘라 물에 15분 정도 담가 둔다.
2. 전분이 빠지면 조림 팬에 넣고 식용유를 넣어 코팅이 될 정도로 볶는다.
3. 물과 양조간장, 올리고당을 넣어 중약불에서 천천히 조린다.
4. 불을 끄고 통깨, 참기름을 넣어 마무리한다.

가지구이

재료

가지 2개

〈양념장〉
양조간장 · 고추장 · 고춧가루 ·
참기름 · 통깨 각 1큰술

만드는 법

1. 가지를 깨끗이 씻어 길이로 반 자른 다음 찜통에 넣어서 찐다.
2. 가지의 물기를 살짝 짠 다음 칼등으로 살살 두드려 넓적하게 편다.
3. 분량의 양념장을 만들어 가지 안쪽에 바른다.
4. 달군 팬에 기름을 살짝 두르고 껍질 쪽부터 넣어 뒤집으며 살짝 굽는다.
5. 먹기 좋은 크기로 잘라서 상에 낸다.

> 마씨장아찌 만드는 법 176쪽

겉절이

녹차짜장면

하안거 상차림
10
—
기름은 빼고 독특함은 살리는
녹차짜장면 상차림

녹차짜장면 / 겉절이

춘장 볶는 것이 조금 시간이 걸려서 그렇지, 집에서도 짜장면을 쉽게 만들 수 있습니다. 요즘에는 마트에 생면도 많이 파니 힘들면 면을 직접 만들지 않아도 됩니다. 엄마가 만들어 주는 짜장면을 먹으며 즐거워하는 아이들의 얼굴, 생각만 해도 행복해집니다.
밀가루 반죽을 할 때 콩가루나 녹차가루 등을 넣으면 색도 예쁘지만 면이 찰집니다. 하루 전에 반죽해 냉장고에 넣어 두면 더 맛있다는 건 다들 아시지요?

녹차짜장면

재료

밀가루 4컵
녹차가루 1큰술
연근 80g
표고버섯 3개
양송이버섯 5개
당근 80g
감자·애호박 각 100g
오이 1/2개

〈양념〉
식용유 1/2컵
춘장 1봉지(300g)
소금·녹말 물

만드는 법

1. 밀가루와 녹차가루를 체에 내려 소금을 넣어 되직하게 반죽한 다음 비닐에 넣어 냉장고에서 숙성시킨다.
2. 준비한 야채는 전부 작은 깍두기 모양으로 썰어 준비한다.
3. 팬에 식용유와 춘장을 넣고 약불에서 보글보글 끓이듯이 볶는다(작은 콩알 모양으로 보이면 다 된 것이다).
4. 팬에 식용유를 두르고 색이 푸른 야채부터 소금 간하여 각각 볶는다.
5. 마지막에 연근과 감자를 볶다가 반쯤 익으면 볶아 놓은 재료를 넣고 재료가 잠길 정도의 물을 부어 한소끔 끓인다.
6. 볶아 놓은 춘장을 조금씩 넣어 풀어 주면서 간을 맞춘다.
7. 마지막으로 녹말 물을 풀어 농도를 맞춘다.
8. 밀가루 반죽을 밀대로 밀어 0.5cm 두께로 썰어 녹말가루를 뿌린다.
9. 국수를 삶아 찬물에 헹군 후 그릇에 담고 짜장과 오이채를 얹는다.

겉절이

재료

배추 1포기
소금 두 줌
홍고추 2개

〈찹쌀 풀〉
찹쌀가루 1/2컵
물 2와 1/2컵

〈양념장〉
고춧가루 2컵
집간장 2큰술
생강 1큰술
올리고당 5큰술
통깨·소금 약간

만드는 법

1. 배추는 겉잎을 떼고 속잎은 하나하나 떼어서 소금 두 줌을 넣은 후, 배추가 잠길 정도의 물을 붓는다. 무거운 것으로 눌러 30분 정도 절인다.

2. 물과 찹쌀가루를 (5 : 1로) 섞어 찹쌀 풀을 쑤어 식힌다.

3. 홍고추는 어슷썰기로 썰고, 절인 배추는 어슷썰기로 먹기 좋게 잘라 물기를 뺀다.

4. 찹쌀 풀이 식으면 고춧가루를 먼저 넣어 불린 다음 나머지 양념을 넣어 양념장을 만든다.

5. 양념장이 완성되면 배추를 넣어 골고루 버무린다.

秋冬

동안거 상차림

동안거冬安居는 음력 10월 15일부터 1월 15일까지입니다. 날이 추워지면 아무래도 우리 몸은 더 움츠러들게 마련입니다. 이런 때일수록 좋은 음식을 잘 먹어야겠지요. 그래서 동안거 식단은 영양이면 영양, 맛이면 맛 더욱 신경을 씁니다. 봄여름 재료를 잘 갈무리해 두면 겨울에도 별미를 즐길 수 있습니다.

갓김치

묵은지볶음

늙은호박버섯볶음

된장국수

동안거 상차림
01
—

구수한 맛과 쫄깃한 면발의 만남
된장국수 상차림

된장국수 / 늙은호박버섯볶음 / 갓김치 / 묵은지볶음

이 된장국수는 광주에 사는 도반에게 배운 것입니다. 전에 그가 끓여 준 국수가 정말 맛있어서 조리법을 물어보았지요. 채수를 끓인 후 거기에 김치를 송송 썰어 넣고 된장을 조금 푼 다음, 한 번 살짝 끓으면 바로 국수를 넣고 끓였습니다. 김치에서도 간이 나오고 국수가 원래 간이 되어 있으니, 간을 안 해도 됩니다. 추운 겨울날 도반이 끓여 준 뜨거운 국수를 둘이 앉아 후루룩거리며 맛있게 먹었던 기억이 납니다.

된장국수

재료

국수(소면) 3인분
애호박 1/4개
감자 1개
유부 1장
청·홍고추 각 1개

〈양념〉
채수 6~7컵
된장 2큰술
집간장·소금

만드는 법

1. 애호박은 채썰고 감자는 반달 모양으로 썰어 물에 담가 녹말을 뺀다. 유부는 채썰어 뜨거운 물에 데쳐 기름기를 제거한다.
2. 청·홍고추는 씨를 털어 어슷하게 썬다.
3. 채수를 올려 끓기 시작하면 된장을 체에 걸러 넣는다. 간이 싱거우면 집간장으로 간한다.
4. 채수가 끓으면 감자를 넣고 감자가 다 익었을 때 호박과 유부, 청·홍고추를 넣고 한소끔 끓인 다음 불을 끈다.
5. 국수를 삶아 만들어 놓은 국물을 뜨겁게 부어 상에 낸다.

홍승 스님의 TIP

여름에는 시원한 국수 위주로 차리지만 겨울에는 국물이 있는 따뜻한 국수 위주로 차립니다. 이 따뜻한 된장국수에 들어가는 재료도 원하는 대로 바꾸어도 됩니다. 국물이 중요하지 고명이 중요한 것은 아니니까요. 국수를 삶기 귀찮으면 끓이던 국물에 바로 넣어도 됩니다.

음식이라는 것은 조리법이 정해진 것이 아닙니다. 조리 방법도 그렇지만 재료도 각자 상황에 따라 바꾸어도 됩니다. 기본만 알면 됩니다.

늙은호박버섯볶음

재료

늙은호박 100g
물표고버섯 3개
새송이버섯 2개
청·홍피망 각 1/2개

〈양념〉
식용유·소금·채수 약간
참기름·통깨·후추 약간

만드는 법

1. 늙은호박은 굵은 채를 썰어 소금에 살짝 절인다.
2. 표고버섯과 새송이버섯도 굵은 채를 썬다.
3. 청·홍피망도 채썬다.
4. 절인 호박은 물에 헹궈 식용유를 두르고 살짝 볶는다.
5. 호박을 볶은 팬에 표고버섯과 새송이버섯을 넣어 소금 한 꼬집으로 간하여 볶는다. 이때 채수를 조금 붓는다.
6. 버섯이 익으면 피망과 호박을 넣어 다시 한 번 잘 섞이도록 볶은 다음 불을 끄고 참기름, 통깨, 후추를 넣어 마무리한다.

갓김치

재료

돌산갓 1단
고춧가루 3컵
통깨

〈갓절임물〉
물 2ℓ, 소금 3컵

〈찹쌀 풀〉
찹쌀가루 1/2컵, 물 2컵

〈양념〉
배 1개
매실즙 1/2컵
생강 1쪽
호박 삶은 물 1~2컵

만드는 법

1. 갓은 깨끗이 씻어서 소금물에 절인다. 잘 절인 갓은 소쿠리에 받쳐 물을 뺀다.

2. 양념을 섞어서 믹서에 넣고 간다.

3. 갓을 제외한 양념을 전부 섞어 김치 양념을 만든다. 농도는 매실즙이나 호박 삶은 물로 조절한다.

4. 갓에 양념을 충분히 바른다.

야채피클

브로콜리연근샐러드

두부김밥

늙은호박찌개

동안거 상차림
02
—

"맛있다"는 칭찬이 고플 때
두부김밥 상차림

두부김밥 / 늙은호박찌개 / 브로콜리연근샐러드 / 야채피클

두부김밥은 제가 사찰음식 강의를 시작하게 된 계기와 관련이 있습니다. 오래전에 대구에서 '불우이웃 돕기 성금 모금 사찰음식 일일 뷔페' 행사에 참여했습니다. 당시 3일간 1,500인분의 음식을 준비했습니다. 자원봉사자 40명과 함께했지만 만들어야 하는 음식 양이 워낙 많았던 터라 무척 힘들었습니다. 다른 음식보다도 두부김밥을 준비하는 과정이 제일 힘들었습니다. 두부김밥을 1,000개 정도는 만들었던 것 같습니다. 당시 힘든 마음에 '다시는 두부김밥은 만들지 말아야지' 하는 생각도 했습니다. 이 행사가 끝난 뒤, 같이 일했던 보살님들이 저에게 사찰음식을 배우고 싶다고 해서 강의를 시작하게 되었습니다.

두부김밥은 맛있지만 손이 많이 가는, 정성이 담긴 음식입니다. 두부를 튀겨서 조린 후 고명으로 넣어야 하니 과정이 번거롭기는 합니다. 하지만 김밥을 싸서 썰어 놓으면 그 힘든 과정이 하나도 생각나지 않을 만큼 모양도 예쁘거니와 맛도 뛰어나니, 고생한 보람이 있습니다.

두부김밥

재료(8줄 기준)

두부 2모
김 8장
우엉 1줄
오이 1개
당근 1/2개
시금치 1단
김밥용 단무지 8줄
쌀 3컵
식초 2~3방울

〈두부조림장〉
맛간장 2컵
올리고당 1/2컵

〈필요한 양념〉
참기름 · 소금 · 통깨 ·
올리고당 · 식용유

〈우엉조림장〉
식용유 1큰술
맛간장 1/2컵
올리고당 2큰술

만드는 법

1. 두부를 김밥 길이에 맞춰 가로 · 세로 2㎝ 굵기로 길게 썰고 소금을 약간 뿌려서 물기를 뺀다. 두부 2모를 8개가 나오게 자르면 된다.
2. 우엉은 껍질을 벗겨서 채를 썰어 식초 물에 담가 둔다.
3. 오이는 굵고 길게 썰어 씨 부분을 적당히 도려내고 소금에 살짝 절인 후 물기를 꼭 짜서 준비한다.
4. 당근은 굵고 길게 썰어 끓는 소금물에 데친다.
5. 시금치는 끓는 소금물에 데쳐서 참기름, 소금, 깨소금을 넣고 무친다.
6. 단무지도 미리 설탕과 식초, 소금을 탄 물에 담갔다가 맛이 배면 물기를 뺀다.
7. 김은 살짝 구워 특유의 비린내를 제거한다.
8. 우엉은 기름에 볶다가 맛간장 1/2컵과 올리고당 2큰술을 넣은 후 조린다.
9. 두부가 간이 어느 정도 배면 물기를 제거하고 끓는 기름에 노릇노릇하게 튀긴다. 이때 부서지지 않게 조심한다.
10. 맛간장 2컵에 올리고당 1/2컵을 넣고 끓여서 반으로 졸면 튀긴 두부를 넣고 굴려 가면서 천천히 조린다.
11. 된밥을 지어서 참기름, 통깨를 넣고 버무린다.
12. 김 위에 밥을 얇게 펴고 두부를 가운데 두고 위의 나머지 재료를 넣고 싼다. 두부가 식은 다음에 싸는 것이 좋다.

홍승 스님의 STORY

사찰음식에서 제일 많이 쓰는 재료는 두부입니다. 거의 매 끼니 빠지지 않습니다. 스님들은 아침에 죽을 먹기 때문에 아침에는 죽과 잘 어울리는 두부장아찌를, 낮에는 두부된장찌개를, 저녁이면 두부조림이나 두부찌개를 만듭니다. '밭에서 나는 고기'로 불리는 두부는 스님들 식단에서 부족한 단백질을 보충하기에 제일 좋은 영양 공급원입니다.

늙은호박찌개

재료

늙은호박 200g
물표고버섯 3개
두부 1/2모
청·홍고추 각 1/2개
채수 4컵

〈양념〉
된장 3큰술
집간장 1큰술
소금

만드는 법

1. 늙은호박은 속을 파고 껍질을 벗겨 깍둑썰기 한다.
2. 물표고버섯은 4등분한다.
3. 두부는 주사위 모양으로, 청·홍고추는 어슷썰기로 썬다.
4. 채수를 올려 끓기 시작하면 호박을 넣고 된장과 집간장을 넣어 간을 맞춘다.
5. 호박이 익으면 버섯과 두부, 청·홍고추를 넣고 마지막으로 소금으로 간하여 한소끔 끓인 뒤 불을 끈다.

브로콜리연근샐러드

만드는 법

1. 연근은 얇게 썰어 식초 물에 담갔다가 살짝 데친다.
2. 브로콜리는 먹기 좋은 크기로 썰어 데친다.
3. 파인애플도 먹기 좋은 크기로 썬다.
4. 소스는 올리브유를 뺀 재료를 모두 믹서에 간 다음 올리브유를 넣어 잘 섞는다. 앞서 준비한 재료들을 그릇에 담은 뒤 소스를 뿌려 낸다.

재료 연근 120g, 브로콜리 100g, 파인애플 2쪽

〈소스〉
파인애플 50g, 식초 2큰술, 꿀 1큰술
올리브유 1큰술, 소금·설탕

야채피클

만드는 법

1. 모든 야채는 잘 씻어 적당한 크기로 썬 후 굵은 소금을 뿌려 10분 정도 절인 다음, 물에 씻어서 소쿠리에 받쳐 물기를 뺀다.
2. 피클용 국물은 물, 설탕, 식초를 2 : 1 : 1의 비율로 넣고 소금을 (너무 싱겁지 않게) 적당량을 넣고 젓지 말고 끓인다. 설탕이 녹으면 피클링 스파이스 2큰술을 넣고 다시 한 번 끓인다.
3. 물기 빠진 야채를 통에 담고, 끓인 피클 물을 식히지 말고 바로 부은 후, 레몬을 얇게 썰어 넣는다. 다음날부터 바로 먹을 수 있다.

재료 무 1토막, 적채 1/4통, 오이 2개, 청양고추 5개,
레몬 1/2개, 브로콜리 1/2통, 피클링스파이스 2큰술

산초장아찌

김치잡채

무조림

두부고추장강정

묵나물밥

무국

동안거 상차림

03

—

겨울철 별미
묵나물밥 상차림

묵나물밥 / 무국 / 두부고추장강정 / 김치잡채 / 무조림 / 산초장아찌

찬거리가 별로 없을 때 봄에 갈무리해 둔 나물로 밥을 하면 별미입니다. 곤드레밥이 대표적인 나물밥이지요. 다른 묵나물들도 밥에 잘 어울립니다. 묵나물을 이용한 음식은 겨울이면 꼭 먹어 줘야 합니다.

나물 밥과 함께 차리면 좋은 두부고추장강정은 지방이 부족한 스님들을 위한 튀김 음식입니다. 고추장 소스는 기름에 튀겨 느끼한 맛을 없애는 데 효과적입니다. 상차림은 맛과 영양의 균형을 맞추는 게 좋습니다. 이왕이면 색의 조화도 맞추면 좋겠지요. 오늘 저녁, 먹는 사람들을 생각하며 정성이 듬뿍 담긴 상을 차려 보면 어떨까요.

묵나물밥

재료

말린 곤드레나물
(말린 취나물) 100g
쌀 2인분

〈양념〉
참기름 · 집간장 각 1큰술

〈양념장〉
청 · 홍고추 각 1개
양조간장 · 집간장 · 채수 ·
참기름 · 통깨 · 고춧가루
각 1큰술

만드는 법

1. 말린 나물은 찬물에 담가 불린 다음 부드럽게 삶는다.
2. 1은 바로 씻지 말고, 삶은 물에 1시간 정도 두었다가 깨끗이 씻어서 먹기 좋은 크기로 잘라 참기름과 집간장을 넣어 밑간한다.
3. 쌀은 미리 불려서 솥에 넣은 뒤 보통 때보다 물을 적게 잡는다.
4. 밑간한 나물을 기름 없이 프라이팬에 살짝 볶아 쌀 위에 넣고 밥을 짓는다.
5. 양념장과 곁들여 상에 낸다.

무국

재료

무 200g
들기름 2큰술
쌀뜨물 8컵
집간장 1큰술
소금

만드는 법

1. 무는 칼로 얇게 저며 썬다.

2. 1에 들기름 2큰술을 넣어 뽀얗게 국물이 우러나오도록 볶는다.

3. 2에 쌀뜨물을 붓고 집간장과 소금으로 간하여 한소끔 끓인다.

4. 기호에 따라 들깻가루를 넣어도 맛있다.

김치잡채

재료

익은 포기김치 4잎
당면 200g
숙주 100g
노란 치자 단무지 100g
청 · 홍피망 각 1/2개

〈당면 양념〉
맛간장 1컵
설탕 · 식용유 각 1큰술

〈잡채 양념〉
참기름 · 깨소금
양조간장 · 후춧가루

만드는 법

1. 김치는 양념을 털어 내고 물에 씻어서 하루 전날 물에 담가 신맛과 짠맛을 뺀다. 그 후 물기를 꼭 짜서 5㎝ 길이, 0.5㎝ 두께로 채썬다. 숙주보다 조금 두껍게 썬다.

2. 숙주는 머리와 꼬리를 떼고 씻어, 끓는 물에 소금을 약간 넣고 살짝 데친 다음 참기름, 소금으로 밑간을 한다.

3. 단무지는 김치와 같은 길이와 크기로 채썰고 청 · 홍피망도 반을 갈라 씨를 제거한 후 같은 크기로 채썬다.

4. 달군 팬에 기름을 두르고 단무지를 제외한 숙주, 피망, 김치를 살짝 볶는다. 살짝 볶아야 재료의 아삭아삭한 맛이 살아난다.

5. 분량의 맛간장과 설탕, 식용유를 넣어 끓으면 미지근한 물에 1시간 정도 불린 당면을 넣고 잘 볶는다.

6. 볶은 당면에 볶은 재료와 단무지를 넣어 섞은 뒤 깨소금과 참기름, 후춧가루를 넣어 맛을 낸다(부족한 간은 양조간장으로 한다).

홍승 스님의 STORY

출가해서 맞은 첫 겨울. 김장을 800포기나 했습니다. 이듬해 4월까지 먹어야 하니 양이 많을 수밖에요. 수각에 배추를 산더미처럼 쌓아서 절입니다. 무도 미리 채를 썰어서 고춧가루에 버무려 놓습니다. 사찰 김장에는 무와 갓, 생강, 청각만 넣으니 속가 김장보다는 간단합니다. 양이 많을 뿐이지요. 새벽에 자다가 일어나 나가서 배추를 뒤집습니다. 그리고 다시 들어가서 잠들만 하면 일어날 시간이 됩니다. 배추를 씻은 후 평상에 얹어 물을 빼는 동안 속을 버무립니다. 이래저래 간 본다는 핑계로 배추 속을 먹다 보면 너무 많이 먹어서 속이 쓰리기도 합니다. 힘들기는 하지만 사찰에서 김장은 겨울철 큰 양식거리입니다.

두부고추장강정

재료

두부 1모
다진 청·홍피망 각 2큰술

〈부재료〉
소금
식용유
감자전분

〈소스〉
고추장 2큰술
채수 1/2컵(19쪽 참조)
설탕 1큰술
올리고당 2큰술

만드는 법

1. 두부는 물에 씻고 주사위 모양으로 썰어서 소금을 뿌려 놓는다.
2. 피망은 콩알만 하게 썰어 준비한다.
3. 두부에 간이 어느 정도 배면 물기를 제거한 후 감자전분을 묻혀서 바로 기름에 튀긴다.
4. 고추장에 채수를 넣고 곱게 풀어 고추장 물을 만든다.
5. 고추장 물을 약한 불에 올려 올리고당을 넣고 천천히 조린 다음 반으로 줄면 불을 끄고 3을 넣고 버무린다.
6. 마지막으로 다진 피망을 넣어 골고루 섞는다.

무조림

재료

무(小) 2개
다시마 3조각
표고버섯 5개

〈양념장〉
양조간장 · 고춧가루 각 2큰술
집간장 · 설탕 · 참기름 각 1큰술
식용유 · 소금

만드는 법

1. 무는 깨끗이 씻어 반달 모양으로 두툼하게 썬다.
2. 냄비에 무가 충분히 잠길 만큼 물을 붓고 다시마, 표고버섯을 넣고 무가 반쯤 익도록 끓인다.
3. 분량의 재료로 양념장을 만든다.
4. 무가 적당히 익으면 표고버섯과 다시마는 건지고, 만들어 둔 양념장을 풀어 무에 간이 배도록 충분히 조린다. 싱거우면 소금을 넣는다.

산초장아찌 만드는 법 180쪽

돼지감자장아찌

김치

우엉잡채

된장찌개

연잎밥

동안거 상차림
04
—

냉동실 비상식으로 좋은
연잎밥 상차림

연잎밥 / 된장찌개 / 김치 / 우엉잡채 / 돼지감자장아찌

근래 들어 연잎밥 많이들 드시지요. 휴게소에서도 파는 것을 보았습니다. 연잎밥은 시간 날 때 많이 만들어서 냉동실에 보관했다가 먹어도 되니 비상식으로 좋습니다. 바빠서 밥상을 새로 차릴 여유가 없을 때, 시장을 보지 못해 찬거리가 떨어졌을 때 활용하면 좋지요. 냉동해 둔 연잎밥을 먹으려면 하루 전날 꺼내 전기밥솥에 넣어 두세요. 그러면 다시 찌지 않아도 됩니다.

연잎밥

재료

연잎 4장
찹쌀 3컵
멥쌀 2컵
은행 40~50알
잣 30g

만드는 법

1. 찹쌀은 깨끗이 씻어서 1시간 불린다.

2. 연잎을 깨끗이 씻어서 물기를 뺀 다음 적당한 크기로 자른다.

3. 잣은 젖은 행주에 문질러 씻어서 정갈하게 손질하여 준비한다.

4. 기름을 살짝 두르고 볶아서 껍질을 벗긴다.

5. 불린 찹쌀은 애벌 찐다. 김이 오르면 중간에 한 번 섞어서 골고루 익게 한다.

6. 찰밥이 다 되면 잣을 넣고 소금물을 만들어 간을 하여 섞는다.

7. 잎을 펼친 다음, 6을 한 사람이 먹을 만큼만 얹고 은행을 올려 남은 여분으로 감싸면서 찜통에 30~40분간 다시 한 번 찐다.

홍승 스님의 TIP 연잎 4장이면 연잎밥 8개가 나옵니다.

된장찌개

재료

호박 1/4개
물표고버섯 3개
청양고추 2개
두부 1/2모

〈양념〉
채수 2컵
된장 3큰술
집간장 1큰술
고춧가루 1큰술

만드는 법

1. 호박, 표고버섯, 청양고추는 작은 주사위 모양으로 썰고 두부는 큰 주사위 크기로 썬다.
2. 채수를 냄비에 넣고 된장을 풀어 불에 올려서 끓기 시작하면 두부를 제외한 재료를 모두 넣고 한소끔 끓인다.
3. 마지막으로 두부를 넣어 한소끔 끓으면 불을 끈다.

우엉잡채

재료

당면 200g
우엉(中) 2줄
풋고추 5개

〈우엉조림장〉
맛간장 1컵
올리고당 3큰술
식용유·참기름 1/2큰술

〈잡채조림장〉
맛간장 1컵
설탕 2큰술
식용유 1큰술

〈잡채 양념〉
참기름 1큰술
통깨 1큰술
후추 약간

만드는 법

1. 당면은 미지근한 물에 1시간 불려서 적당한 크기로 잘라 둔다.
2. 우엉은 물에 씻은 후 껍질을 벗겨 6cm 길이로 채썬다.
3. 풋고추는 반으로 갈라 씨를 빼고 채썰어 달군 팬에 기름을 두르고 살짝 볶아 식힌다.
4. 달군 팬에 참기름 1/2큰술과 식용유 1/2큰술을 넣어 우엉을 볶다가 우엉이 거의 익으면 맛간장 1컵을 넣어 조리다가 마지막에 올리고당 3큰술을 넣어 조린 후 건진다. (색깔만 나면 건져야 한다.)
5. 우엉을 볶은 팬에 맛간장 1컵을 넣어 끓인다.
6. 국물이 끓으면 식용유 1큰술, 설탕 2큰술과 불린 당면을 넣고, 젓가락으로 골고루 저어 가며 국물이 완전히 졸아 들 때까지 볶는다.
7. 당면이 충분히 볶아지면 불을 끄고 조린 우엉과 볶은 고추를 넣어 잡채 양념으로 버무린다.

홍승 스님의 TIP

대표적 뿌리 식품인 우엉은 썰기에 따라 식감이 많이 달라집니다. 대개 조림을 할 때는 어슷썰기를 하지요. 약간 질긴 맛을 느끼고 싶다면 길이로 썰어 조림을 해도 맛있습니다.
우엉잡채 역시 길이로 썰어야 합니다. 우엉의 약간 질긴 맛을 살리는 게 이 요리의 비결이거든요. 우엉조림을 할 때는 우엉을 볶아 보세요. 식감이 좋아집니다. 조리 전에 재료의 성질을 파악하는 것도 좋은 요리 습관입니다.

돼지감자장아찌 만드는 법 183쪽

단호박조림

백김치   고구마조림

무장아찌

잡곡밥   콩나물김칫국

동안거 상차림

05

칼칼한 국물이 생각날 때
김칫국 상차림

잡곡밥 / 콩나물김칫국 / 백김치 / 단호박조림 / 고구마조림 / 무장아찌

동안거 기간에는 싱싱한 야채가 그리 많지 않아서 가을에 나오는 재료를 잘 갈무리해 두어야 합니다. 감자나 고구마도 상하지 않게 그늘진 곳에서 보관하고 장아찌도 여러 종류를 만들어 둡니다. 사찰 김치는 고춧가루를 많이 쓰지 않습니다. 스님들은 발우공양을 하고 김치 한 쪽으로 발우를 닦습니다. 김치에 고춧가루를 많이 넣으면 스님들이 발우를 씻은 물을 마실 때 불편하겠지요.

만드는 법

1. 쌀은 씻어서 30분 불린다.
2. 잡곡은 쌀보다 익는 속도가 더디므로 충분히 불린다.
3. 평소 짓던 밥의 양보다 물을 조금 더 넣고 5분간 센불에서 끓이다가, 중불로 줄여서 1분, 뜸불로 줄여서 5분간 뜸을 들인다.

재료 쌀 1과 1/2컵
수수 · 조 · 현미 각 2큰술
쌀 : 잡곡 = 7 : 3

만드는 법

1. 고구마는 껍질째 깨끗이 씻어, 먹기 좋은 크기로 자른 후 모서리를 둥글게 잘라 물에 15분 정도 담근다.
2. 전분이 빠지면 조림 팬에 넣고 식용유를 넣어 코팅이 될 정도로 볶는다.
3. 물과 양조간장, 올리고당을 넣어 중약불에서 천천히 조린다.
4. 불을 끄고 참기름과 통깨를 넣어 마무리한다.

재료 고구마(中) 3개, 식용유 1큰술
〈양념〉
물 1컵, 양조간장 5큰술, 올리고당 2큰술
통깨 · 참기름

콩나물김치국

재료

콩나물 한 줌
김장김치 100g
채수 8~9컵
소금

만드는 법

1. 콩나물은 깨끗이 씻고 김장김치는 쫑쫑 썰어서 준비한다.
2. 냄비에 김치를 넣고 채수를 부어 불에 올린다.
3. 10분쯤 끓인 후 콩나물을 넣는다. 이때 뚜껑을 닫으면 안 된다.
4. 김치에서 짠맛이 나오니 간은 맨 마지막에 소금으로 한다.

홍승 스님의 TIP

"어떻게 하면 김치가 맛있을까요?" 많은 분들이 묻습니다. 그러면 전 이렇게 답하지요. "양념을 삼분의 일로 줄여 보세요. 그러면 맛있어집니다." 고춧가루를 줄이면 김치 맛이 시원해집니다. 또 늙은 호박을 달인 물에 고춧가루를 개어 넣으면 저절로 달착지근한 맛이 납니다.

백김치

재료

배추 1포기
밤·대추 각 3알
불린 표고버섯 2개
생강 1톨, 잣 2큰술
배 1개, 무 1/2개
홍고추 2개
소금

〈찹쌀 풀〉
찹쌀가루 2큰술
채수 1컵

〈양념〉
채수 1ℓ
배즙·무즙 각 1컵
생강즙 1큰술
소금

만드는 법

1. 배추는 줄기 사이사이가 소금물에 충분히 절여지도록 4~5시간 절인 후 깨끗이 씻어 체에 받쳐 물기를 뺀다.

2. 밤은 약간 도톰하게 채썰고, 대추는 돌려 깎기 해서 0.5㎝ 정도로 채썰고 배는 반 개만 채썬다. 나머지는 갈아서 즙으로 쓴다.

3. 표고버섯도 곱게 채썬다. 홍고추도 씨를 제거하고 곱게 채썬다.

4. 무도 반만 채썰고, 나머지는 강판에 갈아 즙을 만든다.

5. 찹쌀 풀에 배즙과 생강즙을 조금 넣고 소금을 넣어 섞은 뒤 무, 밤, 대추, 표고버섯, 홍고추, 배, 잣을 모두 넣고 살살 섞어 소를 만든다(파란색을 내기 위해 미나리를 넣어도 된다).

6. 배추 줄기 사이에 소를 넣고 겉잎으로 잘 싼 다음, 통에 담는다.

7. 분량의 양념으로 국물을 만든 후 소금으로 간하여 배추가 잠길 정도로 붓는다.

단호박조림

재료

단호박 1/2개
밤 6알
대추 4알
은행·호두 각 10알

〈조림장 양념〉
맛간장 1과 1/2컵
올리고당 3큰술
참기름·양조간장

만드는 법

1. 단호박은 깨끗이 씻고 수저로 깨끗하게 씨를 발라내고 밤톨만 한 크기로 돌려 깎기 하여 썰어 둔다.
2. 밤은 먹기 좋은 크기로 자르고, 대추는 씨를 빼내고 3등분 한다.
3. 호두는 끓는 물에 살짝 데쳐 먹기 좋은 크기로 자른다.
4. 은행은 식용유를 넣고 달군 프라이팬에 볶아서 껍질을 벗긴다.
5. 오목한 팬에 밤, 호두를 넣고 맛간장과 올리고당을 넣고 서서히 조린다(싱겁게 시작해야 한다).
6. 조림장이 1/3쯤 남았을 때 단호박을 넣고 익을 정도로만 서서히 조린다. 단호박이 거의 익으면 대추를 넣고 한 번만 뒤적거린다.
7. 불을 끄고 은행을 넣고 참기름으로 마무리해서 상에 낸다.
8. 싱거우면 양조간장으로 간한다.

무장아찌 만드는 법 179쪽

동안거 상차림
06

순한 맛이 그리울 때
콩나물밥 상차림

콩나물밥 / 맑은 콩나물국 / 장떡 / 우엉양념찜 / 김치 / 야채장아찌

예전에는 콩나물을 사찰에서 직접 키워서 먹었습니다. 부지런히 물을 주며 키운 콩나물은 시중에서 파는 것과 비교도 안 될 만큼 맛있습니다. 하지만 뿌리가 너무 길어서 모양이 깨끗해 보이지 않는다는 것이 단점이지요.

행자 시절, 제 딴에는 깔끔하게 한다고 뿌리를 전부 다듬었습니다. 지나가던 어른 스님이 그 모습을 보고 "아까운 뿌리를 없앴다"며 야단을 치셨습니다. 스님은 버린 뿌리를 도로 가져오라고 하셨습니다. 스님은 그 뿌리를 깨끗이 씻은 후 졸였습니다. 콩나물뿌리조림. 상상도 못 할 음식이지요. 질길 것이라고 생각했는데 의외로 쫄깃쫄깃 맛났습니다. 나중에 알고 보니 콩나물은 뿌리에 영양이 다 있다고 하더군요.

콩나물밥

재료

불린 쌀 2컵
콩나물 1봉지

〈양념장〉
양조간장 · 집간장 · 채수 각 1큰술
참기름 · 통깨 각 1큰술
청 · 홍고추 각 1개
후춧가루 1작은술

만드는 법

1. 쌀은 1시간 정도 불린다.
2. 냄비에 불린 쌀을 넣고 콩나물을 깨끗이 씻어 그 위에 넣은 다음 평소보다 물을 적게 잡아 밥을 짓는다.
3. 밥이 다 되면 골고루 섞어 분량의 양념장을 만들어 곁들여 낸다.

홍승 스님의 STORY

쌀 씻을 때는 쌀이 한 톨이라도 버려지지 않도록 주의합니다. 쌀 한 톨이라도 아끼는 마음, 그것이 사찰음식에 담긴 정신입니다. 사찰에서 먹는 음식은 신도들이 올린 공양물이니 그분들의 정성을 생각해 쌀 한 톨, 콩나물 뿌리 하나라도 소중히 여깁니다. 바르게 만들고 바르게 먹는 일, 쌀 한 톨이라도 소중히 여기는 마음에서 시작됩니다.

맑은 콩나물국

재료

콩나물 1/2봉지
청·홍고추 각 1/2개
채수 8~9컵
소금

만드는 법

1. 콩나물을 깨끗이 씻어 냄비에 넣고 소금과 채수를 넣어 비린내가 가실 정도로 한소끔 끓인다.
2. 청·홍고추는 어슷썰기로 썰고, 콩나물이 다 익은 다음 불을 끄고 넣는다.
3. 기호에 따라 고춧가루를 넣어도 된다.

장떡

재료

매운 고추 2~3개
깻잎 8장
밀가루 1컵

〈양념〉
고추장 3큰술
채수 1/2컵
식용유

만드는 법

1. 매운 고추를 잘게 다진다.

2. 깻잎은 반을 갈라 0.5㎝ 정도로 채친다.

3. 고추장에 채수를 넣어 갠 다음 밀가루에 넣어 전을 지지기 좋은 농도로 되직하게 반죽한다.

4. 반죽에 미리 다진 고추와 깻잎을 넣고 섞는다.

5. 달군 팬에 국자로 반죽을 떠 최대한 얇게 부친다. 이때 기포가 없도록 최대한 얇게 부쳐야 맛있다.

6. 부친 장떡은 식은 후 적당한 크기로 잘라 상에 낸다.

홍승 스님의 TIP   깻잎은 장의 맛을 낮춥니다. 깻잎 대신 가죽이나 방아 잎을 써도 됩니다.

우엉양념찜

재료

우엉(中) 2줄

〈양념〉
고추장 · 맛간장 · 올리고당
각 2큰술
고춧가루 · 깨소금 · 참기름
각 1큰술
설탕 1/2큰술

만드는 법

1. 우엉은 껍질을 벗겨 5~6㎝ 길이로 자른 다음, 다시 길이로 반을 가른다.
2. 우엉은 너무 많이 익지 않아야 한다. 10~15분 정도 찜기에 넣어 찐다.
3. 다 찐 우엉은 도마에 펴 놓은 다음 칼등으로 두드려 넓적하게 편다.
4. 양념장을 만들되 너무 짜지 않게 한다.
5. 넓적하게 편 우엉의 한쪽 면에 양념장을 발라 켜켜이 재워 둔다.
6. 양념장을 바른 우엉을 프라이팬에 살짝 굽는다.

야채장아찌 만드는 법 181쪽

동안거 상차림
07
—

김치볶음밥보다 담백한
이북식 김치밥 상차림

김치밥 / 표고버섯두부찌개 / 갓물김치 / 우엉샐러드

제가 어릴 적에는 김장을 참 많이 했습니다. 저희 집은 여섯 식구였는데 김장을 200포기씩 했습니다. 다른 먹거리가 없던 시절의 이야기입니다. 저희 아버지의 고향이 이북입니다. 그래서 저희 집에서는 겨울이면 별미로 이북식 김치밥을 해 먹었습니다. 어려서부터 입이 짧아 먹는 양이 적었던 제가 김치밥은 두 그릇씩 먹었습니다. 돼지고기가 들어가서 그랬을까요? 이 김치밥은 황해도와 평안도의 향토 음식인데, 기름진 돼지고기를 썰어 넣어 만드는 별미지요. 김치밥은 김치를 좋아하지 않는 요즘 아이들에게도 별미일 수 있으니 한번 만들어 보세요.

김치밥

재료

불린 쌀 2컵
김장김치 1/4쪽

〈양념장〉
양조간장·집간장·채수 각 1큰술
참기름·통깨 각 1큰술
청·홍고추 각 1개
후춧가루 1작은술

만드는 법

1. 쌀은 1시간 정도 불린다.
2. 김치는 하루 전날 하얗게 씻어서 물에 담가 짠맛과 신맛을 뺀다.
3. 김치를 쫑쫑 썰어서 참기름과 식용유를 조금 넣고 살짝 볶는다.
4. 솥에 볶은 김치를 깔고 그 위에 쌀을 얹어서 평소보다 물을 적게 잡아 밥을 짓는다.
5. 밥이 다 되면 골고루 섞어서 양념장을 곁들인다.

표고버섯두부찌개

재료

생표고버섯 6개
무 1/4개
두부 1/2모

〈양념〉
채수 5~6컵
집간장 1큰술
고춧가루 1큰술
소금

만드는 법

1. 표고버섯은 꼭지를 자르고 흐르는 물에 재빨리 씻어 건져 물기를 꼭 짠 다음 먹기 좋은 크기로 썬다.
2. 무는 나박썰기를 한다.
3. 두부는 1cm 두께로 잘라서 달군 프라이팬에 기름을 두르고 살짝 굽는다.
4. 채수에 무를 넣고 집간장으로 간하여 끓인다.
5. 약한 불에 서서히 끓여서 무가 푹 익으면 표고버섯을 넣고 한소끔 더 끓인다.
6. 마지막으로 두부를 먹기 좋은 크기로 썰어 넣고 소금으로 간하여 한소끔 끓인다.

갓물김치

재료

돌산갓 1단
물 1.8ℓ
무 1/2개
소금

〈찹쌀 풀〉
물 2컵
찹쌀가루 1/2컵

〈양념〉
물 1컵
배 1개
생강 1톨
홍고추 5개
청양고추 5개

만드는 법

1. 희석한 소금물에 갓을 적셔 통에 넣고 줄기 부분만 소금을 뿌려 2시간 정도 절인다.
2. 숨이 죽으면 씻어서 물기를 뺀다.
3. 양념은 믹서에 넣고 전부 간다.
4. 물이 빠진 갓을 먹기 좋은 크기로 잘라 통에 차곡차곡 넣고 중간에 무를 얇게 썰어 넣는다(자르지 않고 그대로 담가도 된다).
5. 물과 찹쌀 풀을 섞어 간한 뒤 3을 체에 밭쳐 국물과 섞는다.
6. 갓을 담은 통에 5를 붓고, 5에서 체에 남은 건더기를 조금만 넣는다.

우엉샐러드

재료

우엉 1줄
당근 1/3개
미나리 한 줌

〈우엉조림장〉
맛간장 1컵
올리고당 3큰술

〈소스〉
참깨 간 것 3큰술
양조간장 · 설탕 각 1큰술
마요네즈 4큰술
소금

만드는 법

1. 우엉은 5~6cm 길이로 채썰어 식용유를 두르고 살짝 볶은 뒤 찬물에 헹궈 기름기를 제거한다.
2. 우엉조림장을 팬에 붓고 우엉을 넣어 천천히 조린다. 짜지지 않도록 주의한다.
3. 당근은 우엉 길이만큼 채썰어 살짝 데치고 미나리는 줄기만 다듬어 데친다.
4. 준비된 재료들은 물기를 제거하고 소스에 버무린다.

연근우엉호두조림

고추장아찌

나물찌개

장아찌김밥

동안거 상차림
08
―

간소한 재료로 차려 내는
장아찌김밥 상차림

장아찌김밥 / 나물찌개 / 연근우엉호두조림 / 고추장아찌

스님들은 삭발 목욕일이면 꼭 산행을 합니다. 산행을 하면 점심을 싸 가지고 갑니다. 산행에는 김밥이 좋지요. 스님들이 산행을 가고 나면 후원도 한가해집니다. 오랜만에 여유 시간이 생깁니다. 삭발 목욕일은 누구에게나 행복한 날입니다.

장아찌김밥은 재료의 구색을 맞추지 않아도 됩니다. 집에 있는 김치나 장아찌 어떤 것으로 해도 맛있습니다. 그리고 나물찌개는 사찰에 늘 있는 나물들로 만드는 음식입니다. 매콤한 김밥과 함께 칼칼한 나물찌개로 차린 상차림은 어른들이 참 좋아합니다. 봄나물로 장아찌를 만들어 놓으면 이럴 때 활용하기 좋습니다. 조금만 부지런 떨어서 봄 장아찌를 만들어 놓으세요. 여러모로 좋습니다.

장아찌 김밥

재료

밥 4공기
오이장아찌(오이지) 2개
고추장아찌 8개
김장김치 3~4장
무짠지(노란 단무지) 한 토막
김 8장

〈양념〉
고춧가루 · 참기름 각 1큰술
통깨 · 소금 약간

만드는 법

1. 오이지는 얇고 동그랗게 썰어서 물기를 꼭 짠 후 참기름, 통깨로 무친다.

2. 고추장아찌는 길게 채썰어서 고춧가루, 참기름, 통깨를 넣고 버무린다.

3. 단무지는 채썰어 꼭 짠 다음 참기름, 통깨를 넣고 무친다.

4. 김장김치는 채썰어 물기를 꼭 짠 다음 고춧가루, 참기름, 통깨로 무친다.

5. 밥에 참기름, 깨소금을 넣어 밑간한다.

6. 김을 살짝 구워 밥을 얇게 편 다음 준비된 재료를 모양 있게 얹어 김밥을 싼다.

7. 한입 크기로 잘라 마무리한다.

나물찌개

재료 고사리 150g, 숙주나물 200g, 토란 줄기 100g
미나리 1/2단, 채수 7컵
집간장 · 참기름 · 고춧가루 · 소금

만드는 법

1. 고사리는 먹기 좋은 길이로 잘라 한 번 데친 후, 참기름과 고춧가루 각 1/2큰술, 소금을 조금 넣고 밑간을 한다.
2. 숙주나물은 머리와 꼬리를 따고 살짝 데쳐서 참기름, 소금, 고춧가루로 밑간을 한다.
3. 마른 토란 줄기는 하루 물에 담갔다가 끓는 물에 데쳐 참기름, 소금, 고춧가루로 밑간한다.
4. 미나리 줄기를 4~5㎝로 잘라 준비한다.
5. 채수를 냄비에 넣고, 집간장으로 색을 내고, 끓으면 토란 줄기를 넣고 한소끔 끓이다 준비한 야채를 전부 넣고 소금으로 간한다.

연근우엉호두조림

재료 연근 1개, 우엉 1줄, 호두 1컵
〈양념〉
맛간장 3컵, 올리고당 1/2컵
식용유 · 설탕 각 1큰술, 참기름 · 통깨

만드는 법

1. 연근과 우엉은 껍질을 벗겨서 듬성듬성 어슷썰기로 준비한다.
2. 호두는 끓는 물에 살짝 데친다.
3. 1과 2를 팬에 넣고 준비한 양념을 넣어 중불에 천천히 조린다.
4. 국물이 거의 없을 때까지 조리다가 불을 끄고 참기름과 통깨를 넣어 마무리한다.

고추장아찌 만드는 법 182쪽

콩나물장조림

묵은지찜

동치미

청국장찌개

무야채밥

동안거 상차림
09

찰떡궁합을 자랑하는
무야채밥과 청국장 상차림

무야채밥 / 청국장찌개 / 동치미 / 묵은지찜 / 콩나물장조림

동안거 기간에 사찰에서 제일 많이 해 먹는 밥이 무밥입니다. 무를 기본으로, 다른 야채들을 넣어도 좋습니다. 색도 예쁘지만 영양도 배가 되니까요. 무밥을 겨울 음식 중 '갑'이라고 할 수 있는 청국장과 같이 먹으면 겨울철에 부족한 영양분을 충분히 섭취할 수 있습니다.

무야채밥

재료

불린 쌀 1컵
유부 3장
무 1토막
애호박 1/4개
불린 표고버섯 3개
당근 약간
채수
참기름 3큰술
집간장 1작은술

⟨양념장⟩
청·홍고추 각 1개
채수 1큰술
양조간장 2큰술
참기름·통깨 각 1큰술

만드는 법

1. 무, 당근은 채썰고 애호박은 돌려 깎기 후 채썬다.

2. 표고버섯은 충분히 불린 다음 물기를 꼭 짜서 채썰고, 유부는 끓는 물에 데쳐서 채썬다.

3. 냄비에 참기름 1큰술을 두르고 표고버섯과 유부를 넣어 집간장으로 간하여 볶다가 참기름을 2큰술 더 넣고 쌀도 넣어 볶는다.

4. 쌀이 익어 냄비 밑바닥에 달라붙기 시작하면 물을 조금씩 부으면서 볶다가 채썬 무와 당근을 넣어 섞고 채수를 넣어 밥을 짓는다. 물은 쌀이 살짝 잠길 정도만 붓는다.

5. 양념장을 만든 후 밥이 거의 다 익으면 뚜껑을 열어 채썬 호박을 얹어 뜸을 들인다. 양념장과 함께 상에 낸다.

청국장찌개

재료

청국장 200g
썰어 놓은 김장김치 1/2공기
두부 1/2모

〈양념〉
쌀뜨물 약간
된장 약간
들기름 · 청양고추 약간

만드는 법

1. 뚝배기에 들기름을 넣고 종종 썬 김치를 볶는다.
2. 뚝배기 절반 정도 되게 쌀뜨물을 붓고 국물이 끓으면 청국장을 넣어 잘 풀어 준다.
3. 다시 한소끔 끓으면 두부를 넣고 싱거우면 된장을 넣어 간한다.
4. 청양고추를 썰어 놓았다가 불을 끄고 넣는다.

홍승 스님의 STORY

청국장은 쿰쿰한 냄새 때문에 싫어하는 사람도 있지만 그 효능은 거의 만병통치약이라 할 정도로 훌륭합니다. 김치를 송송 썰어 넣고, 무도 나박나박 썰어 넣고, 두부와 버섯도 넣어 빡빡하게 끓인 청국장은 다른 반찬이 없어도 밥 한 그릇 뚝딱 비우게 하는 음식입니다.

동치미

재료

동치미 무 1단(7~8개)
절임 물 5ℓ
소금 3컵

만드는 법

1. 동치미 무는 너무 크지 않고 단단하고 무청이 달린 것으로 고른다.
2. 무청은 가운데 연한 것만 남기고 뗀다.
3. 뿌리는 조금만 자르고 무와 무청이 붙은 부분은 깨끗이 다듬는다.
4. 항아리에 무를 차곡차곡 넣어 물 5ℓ에 소금을 풀어 절인다.
5. 하룻밤 재우면 무가 절여진다.
6. 삭힌 고추와 갓, 생강, 배 등을 준비하여, 항아리 밑에 넣고 절인 무를 넣은 다음 무거운 것으로 누르고 생수에 소금 간하여 붓는다. (단맛을 내고 싶으면 무, 사과, 배, 키위 등을 믹서에 갈아서 물과 섞어 넣으면 된다.)

묵은지찜

만드는 법

1. 묵은지는 길이로 반을 갈라서 김치가 담길 정도로 채수를 붓고 냄비에 올린다.
2. 끓기 시작하면 물을 따라 내고 다시 채수를 부은 후, 들기름을 골고루 둘러 뚜껑을 닫고 중불에서 20분쯤 익힌다.
3. 상에 낼 때는 길이로 자른 후 대궁만 잘라 그대로 올린다.

재료 묵은지 1쪽, 들기름 2큰술, 채수 2컵

콩나물장조림

만드는 법

1. 콩나물은 비린내만 가실 정도로 삶는다.
2. 삶은 콩나물에 맛간장, 올리고당을 넣고 은근한 불에서 오래 조린다. 기호에 따라 고춧가루를 넣고 조려도 된다.
3. 콩나물이 쪼그라들 만큼 조려지면 참기름, 통깨를 넣고 무친다.

재료 콩나물 1봉지

〈양념〉
맛간장 2컵, 올리고당 3큰술, 참기름·통깨 약간
고춧가루(생략 가능)

동안거 상차림
10

제철 음식으로 차리는
시래기밥 상차림

시래기밥 / 시래깃국 / 연근두부소박이튀김 / 유부주머니조림 / 무말랭이무침

시래기는 겨울을 대표하는 양식 중 하나입니다. 요즘에는 예전처럼 시래기를 많이 안 먹는 것 같습니다. 제대로 말린 시래기가 없어서일까요. 제가 출가한 사찰에는 열 평 남짓의 창고가 하나 있었습니다. 창문도 커다랗고 바람이 숭숭 통하는 그런 창고였습니다. 그 창고 가득 시래기를 널어 말리곤 했습니다.

요즘에는 아파트 생활을 많이들 하니 시래기 말릴 장소가 마땅치 않지요. 시래기는 바람이 잘 통하는 그늘진 곳에서 말려야 합니다. 어떤 분은 시래기 색을 새파랗게 한다고 삶아서 말리더군요. 하지만 시래기는 삶아서 말리면 영양소도 파괴될뿐더러 특유의 향이 없어집니다. 생으로 말리셔야 합니다.

시래깃국은 거의 매일 끓여 먹어도 질리지 않습니다. 나물로 볶아 먹기도 하고 된장을 넣고 치대서 찌개도 끓여 먹기도 하지요. 겨우내 시래기만 한 효자 먹거리가 없습니다.

시래기밥

재료

시래기 200g
불린 쌀 2컵

〈양념〉
참기름 2큰술

〈양념장〉
청·홍고추 각 1개
채수 1큰술
양조간장 2큰술
참기름·통깨 각 1큰술

만드는 법

1. 마른 시래기를 하루 전날 충분히 불려 둔다.
2. 불린 시래기를 솥에 넣고 물을 넉넉히 부어 너무 무르지 않도록 삶는다.
3. 삶은 시래기를 깨끗이 씻어 질긴 껍질을 벗긴 다음 쫑쫑 잘게 썰어 준비한다.
4. 불린 쌀과 시래기를 냄비에 넣어 참기름을 넉넉히 둘러 볶은 다음 채수를 넣고 밥을 짓는다.
5. 뜸을 충분히 들인다.
6. 양념장을 만들어 함께 낸다.

재료 말린 시래기 200g

〈양념〉
된장 3큰술, 집간장·고춧가루 각 1큰술
채수 7~8컵

만드는 법

1. 마른 시래기를 하루 전날 충분히 불린다.
2. 불린 시래기를 솥에 넣고 물을 넉넉히 부어 너무 무르지 않도록 삶는다.
3. 삶은 시래기를 잘 씻어 질긴 껍질을 벗긴 후 쫑쫑 잘게 썬다.
4. 채수를 냄비에 붓고 된장을 걸러 넣은 후 시래기를 넣어 끓인다.
5. 시래기가 부드럽게 익었으면 집간장으로 부족한 간을 맞추고 고춧가루를 넣는다.

재료 무말랭이 100g

〈양념〉
맛간장 2컵, 통깨·찹쌀 풀·설탕 각 2큰술
올리고당·고춧가루 각 1/2컵, 채수 약간

만드는 법

1. 무말랭이는 그릇에 넣고 흐르는 물에 재빨리 씻는다. 불면 맛이 없으니 너무 오래 불리지 않도록 주의한다.
2. 맛간장에 준비된 양념을 섞어서 무말랭이를 넣고 버무린다. 간장이 짜면 간장 양을 줄이고 채수를 적당히 넣는다.
3. 통에 담을 때 간장이 잘박할(살짝 잠길) 정도로 하면, 나중에 무말랭이가 불면서 국물이 적당해진다.
4. 상에 내기 전 참기름을 약간 넣는다.

연근두부소박이튀김

재료

연근 200g, 녹말가루

⟨속재료⟩
불린 표고버섯 2개
두부 1/2모
청·홍고추 각 1개

⟨양념⟩
들깻가루 1큰술
참기름·소금·후춧가루

만드는 법

1. 연근은 껍질을 벗겨 0.8㎝ 두께로 얇게 썰어서 끓는 물에 살짝 데친다.
2. 불린 표고버섯은 기둥을 떼고 다진다.
3. 두부는 으깨어 물기를 꼭 짠다.
4. 청·홍고추는 반으로 갈라 씨를 제거하여 잘게 다진다.
5. 그릇에 준비된 속재료를 담아 들깻가루, 참기름, 소금, 후춧가루를 넣고 양념을 하여 치댄다.
6. 연근은 2개씩 짝을 지어 안쪽에 전분을 바른다.
7. 짝을 이룬 연근 사이에 속재료를 알맞게 넣은 다음 겉 부분에 녹말을 살짝 묻혀서 색깔이 살아나도록 튀긴다.

유부주머니 조림

재료

사각 유부 8장
표고버섯 2개
배추 50g
두부 20g
당면 1줌
미나리 8줄

〈양념장〉
맛간장 1컵
설탕 1작은술

만드는 법

1. 유부는 끓는 물에 데쳐 물기를 짠 뒤 한쪽 면을 갈라 속을 벌려 둔다.
2. 두부는 으깨어 둔다.
3. 배추는 살짝 데쳐서 다지고 버섯도 다진다.
4. 당면은 불려서 살짝 데쳐서 먹기 좋은 크기로 자른다.
5. 준비해 둔 재료를 모두 섞고 소금, 참기름, 후추로 양념하여 소를 만든다.
6. 유부에 소를 넣고 데친 미나리로 잘 묶어 유부주머니를 만든다(이쑤시개로 꿰메듯 해도 된다).
7. 분량의 재료로 유부조림 양념장을 만든 후 유부주머니를 넣고 국물을 끼얹어 가며 조린다.

손님상차림에 좋은 사찰음식 10선

우리 집에 찾아온 손님이 내가 정성껏 만든 음식을 맛있게 먹는 모습을 볼 때, 그것만큼 기쁜 일이 없지요. 손님 중 한 분이 "정말 맛있었어요. 이 요리는 어떻게 만드는 거예요?"라고 물으면 왠지 어깨가 으쓱해지고요.
일반 식당에서는 맛보기 힘든, 특별한 요리를 선보이고 싶다면 사찰음식을 만들어 보세요. 사찰음식 특유의 정갈하고 편안한 맛이 손님들 입맛은 물론 마음까지 사로잡을 것입니다.

손님상차림

01

입 안 가득 퍼지는 봄 내음
취나물잡채

봄에 나오는 취나물 중에 부지깽이 나물이라고 있습니다. 일명 '울릉도취나물'이라고도 하지요. 취나물잡채는 부지깽이나물로 해야 맛있습니다. 보통 잡채는 여러 고명을 많이 넣어야 맛있다고 생각하는데요. 취나물잡채는 취나물이 많이 들어가야 맛있습니다. 다른 고명들은 색깔을 맞추는 용도로만 넣는다고 생각하면 됩니다.

재료

당면 100g
부지깽이나물 100g
황 · 홍피망 1/2개

〈당면조림장〉
맛간장 1컵
설탕 1큰술
식용유 1큰술

〈잡채 양념〉
참기름 · 후춧가루 ·
통깨 · 양조간장 · 소금

만드는 법

1. 당면은 찬물에 1시간 정도 불려 적당한 길이로 자른다.
2. 나물은 깨끗이 다듬어서 끓는 소금물에 새파랗게 데친 다음 찬물에 헹구어 물기를 꼭 짜고 참기름, 소금을 넣어 무쳐 놓는다.
3. 피망은 채를 썬 다음 달구어진 프라이팬에 식용유를 조금만 넣고 소금으로 간하여 재빠르게 볶는다.
4. 오목한 팬에 맛간장, 설탕, 식용유를 넣어 끓기 시작하면 불린 당면을 넣고 면이 부드러워질 때까지 천천히 조린다.
5. 당면이 부드러워지면 밑간한 나물과 피망을 넣은 후, 참기름과 후춧가루, 통깨를 넣고 고루 섞어 버무린다.

손님상차림
02

누구나 반하는 그 맛
표고버섯야채탕수이

사찰음식이 알려지다 보니 표고탕수이[*]는 요즘 웬만한 한정식 집에서는 다 나오는 음식 중 하나가 됐습니다. 새콤달콤한 맛이 탕수 소스의 특징인데요. 이 음식은 구태여 설탕이나 식초 필요 없이 어느 집에나 다 있는 매실즙을 활용하면 됩니다. 야채를 너무 익히면 영양소가 파괴되고 색깔이 변하니 소스가 끓을 때 넣어서 바로 불을 끄는 게 좋습니다.

재료

마른 표고버섯 15개
당근 1/4개
오이 1/3개
청·홍피망 각 1/2개

〈양념〉
참기름 1큰술
소금·후춧가루

〈소스〉
매실즙 1컵
채수 1컵
소금 1작은술
설탕
식초

〈녹말 물〉
감자전분 1큰술
채수 2큰술

만드는 법

1. 표고버섯은 깨끗이 씻어 미리 불려 놓는다.
2. 표고버섯은 꼭지를 따고 물기를 꼭 짜서 먹기 좋은 크기로 잘라 참기름, 소금, 후추를 넣어 밑간을 해 놓는다.
3. 당근, 오이, 피망을 표고버섯과 비슷한 크기로 썬다.
4. 녹말가루 1큰술을 채수 2큰술에 풀어서 녹말 물을 준비한다.
5. 밑간해 둔 표고버섯을 감자전분 가루만 입혀서 튀긴다.
6. 매실즙과 채수를 냄비에 부어 불에 올려 끓기 시작하면 녹말 물을 넣어 걸쭉하게 만든다.
7. 소스가 끓기 시작하면 소금과 준비한 야채를 넣고 뒤적거려 불을 끈다.
8. 튀겨 놓은 표고버섯을 소스에 넣은 후, 골고루 섞어 상에 낸다.

손님상차림

03

—

손님 입맛 확 돋우는
수삼냉채

집에서 담근 유자청만 있으면 소스를 만들 수 있습니다. 재료들은 곱게 채를 썰어야 차림새가 예쁩니다. 유자청을 다져서 소금만 넣은 후 버무리면 끝이죠. 단, 이런 음식들은 물이 많이 생기니 재료를 준비해 두었다가 상에 올리기 직전에 만들어 차리는 것이 좋습니다.

재료

수삼 2뿌리
오이 1/2개
대추 6~7개
샐러리 1줄
배 1/2개

〈소스〉
유자청 1/2컵
소금

만드는 법

1. 수삼은 머리와 뿌리를 다듬어 곱게 채썬다.
2. 오이와 대추는 돌려 깎기 하여 채썰고, 샐러리와 배도 채썬다.
3. 유자청은 다져서 소금을 넣은 다음 준비된 재료를 버무려 상에 낸다.

손님상차림
04
—
고소하고 쫄깃한 영양식
우엉생땅콩찹쌀구이

아이들 영양 간식으로 참 좋습니다. 한 끼 식사로도 훌륭하고요. 찹쌀가루를 많이 입히기 때문에 찰떡을 먹는 것 같습니다. 땅콩도 들어가니 영양식입니다.

재료

우엉 200g
생땅콩 100g

〈양념〉
찹쌀가루 2컵
다시마 물 1컵
구운 소금
식용유

만드는 법

1. 우엉은 껍질을 벗겨 5~6㎝ 길이로 잘라 길이로 반을 가른 다음 김이 올라온 찜통에 약 10분간 찐다.
2. 생땅콩은 끓는 물에 살짝 데쳐 껍질을 벗긴 후 잘게 다진다.
3. 우엉이 식었으면 방망이 등으로 납작하게 두드린 후 다시마 물을 적당히 뿌린다. 촉촉해지면 찹쌀가루에 묻혀 둔다.
4. 다져 놓은 생땅콩에 남은 찹쌀가루를 넣고 소금으로 간하여, 다시마 물을 부어 되직하게 반죽한다.
5. 달군 팬에 기름을 두르고 손질한 우엉을 찹쌀 반죽에 묻혀 노릇노릇하게 굽는다.

홍승 스님의 TIP

다시마 물을 만드는 방법은 간단합니다. 마른 다시마(3㎝ 크기로 자른 것) 2~3장을 컵에 넣고 물을 부은 후 컵에 랩을 씌워 냉장고에 넣어 하룻밤 재우면 됩니다.

손님상차림
05
―
겨자 소스로 맛을 내는
가지새싹전

이 음식의 포인트는 겨자 소스입니다. 겨자 소스의 황금비율을 지키는 것이 중요합니다. 단, 비율은 계량스푼 기준입니다. 양을 정확히 지켜야 제대로 된 맛을 낼 수 있습니다.

재료

가지 2개
새싹 1팩
밀가루 1/2컵
소금

〈겨자 소스〉
겨자 2큰술
설탕 2큰술
식초 2큰술
레몬즙 1/2큰술
꿀 1/2큰술
소금 4g
양조간장 1/2큰술
참기름 1/2큰술

만드는 법

1. 가지는 2등분하여 길이로 0.5㎝ 두께로 썬다.
2. 새싹은 손으로 털듯이 하여 골고루 섞어 체에 밭쳐 흐르는 물에 씻는다.
3. 밀가루를 약간 묽게 반죽하여 가지에 옷을 입혀 전을 지진다.
4. 큰 접시에 가지전을 예쁘게 돌려 담고 새싹을 가운데 놓아 겨자 소스를 곁들여 상에 낸다.

손님상차림
06

눈으로 먼저 맛보는
김치양장피잡채

양장피는 중국 음식 재료입니다. 국수 모양의 당면이 아니라 넓은 판때기 모양의 당면으로 생각하면 됩니다. 고명을 다양하게 넣으면 알록달록 예쁜 색이 나서 손님상차림으로 훌륭합니다. 차림새는 우리나라 음식 중 구절판을 생각하면 됩니다.

재료

잘게 썬 김장김치 150g
양장피 3장
불린 표고버섯 5개
느타리버섯 100g
당근 1/4개(50g)
오이 1/2개
청·홍피망 각 1개

〈양장피조림장〉
참기름 1큰술
맛간장 1/2컵
식용유 1큰술
설탕 1큰술

〈기본 양념〉
참기름·통깨·소금

만드는 법

1. 김치는 꼭 짜서 적당히, 너무 잘지 않게 썰어서 참기름에 살짝 볶는다(살짝 씹는 맛이 있어야 하므로 너무 볶지 않는다).
2. 표고버섯은 채썰어 소금과 참기름으로 밑간하고, 느타리버섯은 데쳐서 곱게 찢어 소금과 참기름으로 밑간한다.
3. 당근과 청·홍피망도 곱게 채썬다.
4. 오이는 돌려 깎기 한 후에 소금에 살짝 절였다가 물기를 짠다.
5. 모든 재료를 프라이팬에 기름을 조금만 두르고 물기를 제거할 정도로만 살짝 볶는다(밑간하지 않은 야채는 소금으로 간한다).
6. 양장피는 끓는 물에 데쳐 내어 맛간장 1/2컵과 식용유 1큰술, 설탕 1큰술을 넣어 조리면서 볶은 다음, 불을 끄고 참기름 1큰술을 넣어 살짝 버무린다.
7. 접시에 김치를 제외한 야채를 색깔별로 돌려 담고 가운데 자리에 양장피를 얹고 그 위에 김치 볶은 것을 올린다.

손님상차림
07

한입 먹으면 결코 잊을 수 없는 맛
두부소박이

손이 많이 가는 음식입니다. 하지만 한입 먹으면 만들 때 힘든 것이 생각나지 않을 만큼 맛있습니다. 다른 사찰음식과 마찬가지로 재료는 바꾸어도 됩니다.

재료

두부 1모
마른 표고버섯 3개
느타리버섯 약간
청·홍피망 1/4개
고사리 한 줌

〈양념〉
소금 1작은술
참기름 1큰술
후추 약간

〈표고버섯 양념〉
양조간장 1작은술
참기름 4g

〈양념장〉
청·홍고추 각 1개
양조간장 4큰술
참기름 1큰술
통깨 1큰술
참기름 4g

만드는 법

1. 두부는 1.5㎝ 두께로 썰어서 소금을 살짝 뿌리고 키친타월 위에 얹어서 물기를 제거한다.
2. 두부를 예쁜 모양으로 자르면서 나온 '자투리 두부'의 물기를 꼭 짠다.
3. 불린 표고버섯은 꼭지를 잘라 내고 잘게 다져 밑간을 한다.
4. 느타리버섯은 데쳐서 다진다.
5. 고사리도 살짝 데쳐서 다지고, 청·홍피망도 다진다.
6. 각 재료를 프라이팬에 식용유를 조금만 두르고 소금으로 간하여 볶는다.
7. 두부는 물기를 제거하고 프라이팬에 식용유를 넉넉히 두르고 노릇하게 지진다.
8. 두부가 식을 동안, 물기를 제거한 '자투리 두부'와 볶아 놓은 재료를 전부 섞어 준비된 양념을 섞어 고명을 만든다.
9. 두부가 식으면 한쪽만 칼집을 넣어 고명으로 속을 채운다.
10. 먹기 좋은 크기로 잘라 양념장을 곁들여 상에 낸다.

2~4 6

손님상차림
08

자투리 야채로 만드는 별미
야채두부볶음

사찰에서는 매 끼니마다 식단을 짜서 상차림을 하곤 하지만 그래도 남는 재료들이 있습니다. 한 끼 반찬을 해서 올리기는 적고 더 사기는 그럴 때, 남은 야채들 전부 모아서 볶습니다. 여기에 두부만 추가하면 훌륭한 음식이 나옵니다.

재료

두부 1/2모
브로콜리 1/2개
물표고버섯 2개
새송이버섯 1개
청양고추 1개
홍고추 1개
청경채 3개
당근 30g
양조간장 2큰술
녹말 물 2큰술
채수 1과 1/2컵
소금 약간
참기름
식용유

만드는 법

1. 브로콜리는 작은 송이로 잘라 깨끗이 씻어 소금 1작은술을 넣고 끓은 물에 살짝(30초간) 데친다.
2. 두부는 한입 크기의 사각형으로 썰어 소금을 뿌려 물기를 뺀다.
3. 표고버섯은 4등분하고 새송이도 굵은 채를 썬다.
4. 청·홍고추는 어슷썰어 씨를 털어 낸다. 청경채와 당근도 먹기 좋은 크기로 썬다.
5. 두부는 키친타월로 물기를 닦은 다음 전분가루에 굴려 튀긴다.
6. 달군 팬에 버섯을 넣고 양조간장으로 간하여 볶는다.
7. 채수를 붓고 전분으로 농도를 맞춘 다음, 남은 재료들을 다 넣고 뒤적여 골고루 섞는다.
8. 마지막 간은 소금으로 맞추고 불을 끈 다음 참기름을 넣는다.

손님상차림
09

샐러드로 제격인
표고버섯잣소스무침

이 잣 소스 역시 응용하기 좋습니다. 농도만 조절해서 나물을 무쳐도 되고 샐러드 소스로 활용해도 됩니다. 만들 때만 주의하면 됩니다. 잣가루를 볼에 담아 참기름을 한 방울씩 넣어 가며 한쪽 방향으로 돌립니다. 참기름은 잣가루를 뭉치게 하는 역할을 하고, 물은 풀어 주는 역할이라고 생각하면 됩니다.

재료

생표고버섯 6개
오이 1/2개
당근 1/4개
홍피망 1/2개
밤 2개

〈양념〉
소금
잣

〈잣 소스〉
다진 잣 1/2컵
다시마 물 약간
참기름 2큰술
설탕 1큰술
후추·소금

만드는 법

1. 생표고버섯은 기둥을 떼어 내고 끓는 물에 간이 될 정도의 소금을 넣고 충분히 삶아 물기를 꼭 짠 후 얇게 어슷썬다.
2. 오이와 당근은 1.5㎝×3㎝ 크기로 썬다.
3. 피망은 씨를 제거한 뒤 오이보다 조금 작은 크기로 썬다.
4. 밤은 얇게 편으로 썬다.
5. 잣은 곱게 다진다.
6. 큰 볼에 곱게 다진 잣에 참기름을 두세 방울씩 넣어 가며 계속 한쪽 방향으로 저어 뭉치게 한 다음, 다시마 물을 조금씩 부으며 농도를 조절한다. 후추, 소금을 넣고 간하여 잘 섞는다. (참기름은 엉기게, 채수는 풀어지게 하는 역할을 한다.) 이때 설탕 1/2 큰술을 넣어도 된다.
7. 잣 소스에 모든 재료를 담아 살살 버무린 후 접시에 담아 낸다.

손님상차림

10

큰 그릇에 쓱쓱 비벼 먹는
나물비빔밥

일반적으로 사찰음식 하면 다들 비빔밥을 생각하실 겁니다. 사찰에서는 대중이 많이 모였을 때는 비빔밥을 합니다. 많은 대중이 간편하게 먹을 수 있는 밥이라서 그럴 것입니다. 요즘 들어 비빔밥이 외국인들에게 인기가 좋다고 하죠. 그 이유는 여러 가지의 나물들을 한 번에 먹을 수가 있어서라고 얘기합니다. 이 말은 영양과 맛을 골고루 섭취할 수 있는 음식이라는 것이겠지요.

재료

밥 1공기(1인분)
콩나물
고사리
도라지
호박
당근
표고버섯
무나물
청포묵

〈양념장〉
고추장 1과 1/2큰술
참기름 · 통깨 · 양조간장
각 1큰술
설탕 1작은술
다시마가루 1큰술

만드는 법

1. 콩나물은 물이 끓으면 넣어서 뚜껑을 덮지 말고 비린내만 가실 정도로 삶은 다음 소금, 참기름, 통깨를 넣어 무친다.
2. 고사리, 도라지는 4~5㎝ 정도로 잘라서 소금 간하여 볶는다.
3. 호박은 반달 모양으로 썰어 소금 간하여 절여서 물기를 짠 다음 볶는다.
4. 당근, 표고버섯도 채썰어 볶는다.
5. 무는 채썰어 들기름 1큰술을 두르고 소금으로 간하여 볶는다.
6. 청포묵은 채썰어 뜨거운 물에 한 번 데쳐서 소금, 참기름을 넣어 밑간한다.
7. 밥과 나물의 비율은 1 : 1이니 밥과 나물 적당량을 담아 양념 고추장을 곁들여 먹거나, 매운 게 싫으면 다시마가루를 넣는다.

홍승 스님의 TIP   다시마가루는 다시마를 튀겨서 부서뜨리면 만들 수 있는데, 이때 너무 곱게 부서뜨리지 말아야 씹는 맛이 있습니다.

장아찌 이야기

장아찌는 예부터 우리나라의 저장 식품으로 상차림의 중요한 부분을 차지하고 있습니다. 염장을 하거나 말려서 보관하는 장아찌는 지역과 원료, 계절 그리고 절이는 방법에 따라 그 종류가 아주 다양합니다. 대표적인 장아찌 절임 장은 소금, 간장, 된장, 고추장 등입니다. 요즘 들어 설탕으로 절이는 장아찌도 있습니다.

간장으로 담그는 장아찌

모든 장아찌를 담글 때 주의사항은 물기를 제거해야 한다는 것입니다. 간장으로 담그는 장아찌도 재료를 깨끗이 씻은 다음 물기를 제거해서 간장을 부어야 합니다. 만약 물기를 제거하지 못했다면 2~3일 후 간장을 따라 내어 다시 끓인 후 식혀서 부어야 합니다. 이 과정을 서너 번 정도 해야 오래 두고 먹을 수 있습니다. 어떤 장아찌든, 간장으로 담그는 장아찌는 이 과정을 빼 먹어서는 안 됩니다. 요즘에는 장아찌도 싱겁게 담가 먹습니다. 하지만 싱겁게 담그면 잘못 보관할 경우에 김치처럼 익어서 시어집니다. 맛이 시어졌다고 상한 것은 아니니 간장을 끓일 때 간을 조금 더 한다든지 설탕으로 신맛을 조절하면 됩니다. 짠맛을 싫어하더라도, 장아찌는 싱거우면 맛이 없으니 간은 조금 짜게 한 다음 먹을 때 물에 담가서 짠맛을 빼고 먹으면 됩니다.
장아찌를 담글 때 잊지 말아야 할 점은 재료들이 위로 뜨지 않게 무거운 것으로 꼭 눌러 주는 것입니다. 그렇지 않으면 위로 뜬 재료들은 상하게 됩니다.

홍승 스님의 TIP
양조간장과 물, 설탕, 식초는 1 : 1 : 1 : 1의 비율로 한다. 부족한 간은 소금을 넣으면 된다. 새콤달콤한 맛의 장아찌를 담글 때는 이 공식에 따라 분량 등을 조절하면 된다.

된장으로 담그는 장아찌

된장에 넣는 재료들은 소금에 절인 다음 말려서 수분을 충분히 빼야 합니다. 된장으로 담그는 장아찌는 두 달 정도 지나야 먹을 수 있습니다. 아무래도 된장에 넣으면 장아찌가 짤 수밖에 없겠지요. 지나치게 짜다면 짠맛을 우려낸 후 적당히 썰어 고춧가루나 참기름, 통깨, 설탕 등을 넣어 무쳐서 먹으면 됩니다.

고추장으로 담그는 장아찌

고추장에 담그는 장아찌도 소금에 절여 수분을 충분히 뺀 다음에 담가야 합니다. 그래야 물이 생기지 않아 오래 보관할 수 있으며 맛도 좋아집니다. 장아찌를 버무렸던 고추장은 다른 데 활용할 수 없습니다. 그러니 고추장에 버무릴 때는 고추장을 조금 덜어서 버무린 다음 다른 용기에 보관해야 합니다. 만약 수분이 생기면 다시 꺼내서 수분을 꼭 짠 다음 다시 고추장으로 버무려 갈무리해야 합니다.

소금으로 담그는 장아찌

소금을 활용한 장아찌는 재료 위에 소금을 직접 뿌리거나 소금물로 절입니다. 깻잎이나 고추 등 소금물로 삭혀야 하는 재료의 소금과 물의 비율은 1 : 10이 가장 적당합니다. 소금물로 절일 경우에도 재료가 물 위에 뜨지 않도록 눌러 주어야 합니다.

장아찌 보관법

장아찌는 용기에 담아 냉장 보관합니다. 된장이나 고추장에 넣은 것도 조금씩 꺼내 먹습니다. 꺼낸 뒤에는 장 위로 내용물이 나오지 않도록 꼭꼭 눌러 줘야 합니다. 그래야 맛이 변하지 않고, 오래 먹을 수 있습니다.

민들레장아찌

재료

민들레(분량은 172쪽 TIP 참조)

〈절임장〉
양조간장 : 물 : 식초 : 설탕
= 1 : 1 : 1 : 1
소금 약간

만드는 법

1. 민들레는 흙이 많으므로 깨끗이 여러 번 씻어서 소금물에 담가 살짝 절인다(살짝 데쳐도 된다). 쓴맛을 제거하는 효과도 있다.
2. 절임장은 절인 민들레가 잠길 정도로 준비해 끓인다.
3. 다 절인 민들레는 그늘에 펴서 물기를 말린다. 너무 많이 말리면 안 되고 물기가 만져지지 않을 정도로만 말린다.
4. 3을 통에 담고 무거운 것으로 누른 후 간장을 붓는다.
5. 3~4일 후 간장만 따라 내서 다시 끓인 다음 식혀서 다시 붓는다.
6. 이 과정을 서너 번 반복해야 오래 두고 먹을 수 있다.

『동의보감』에서는 민들레가 '음식의 독을 풀며 체기를 내리는 데 효능이 있다'라고 기록하고 있습니다. 특히 흰민들레는 위, 장, 식도 등의 소화기관을 보호하고 기능을 강화해 주며 소염 작용을 해 주어 위염, 장염, 식도염을 치유하는 데 효과적이라고 합니다. 흰민들레즙은 간 기능 회복에도 좋다고 알려져 있습니다.

깻잎장아찌

재료

깻잎(분량은 172쪽 TIP 참조)

〈절임장〉
맛간장
청·홍고추
당근
고춧가루
청·홍고추
매실즙

만드는 법

1. 깻잎은 깨끗이 씻어 20장 정도씩 묶어 무거운 돌로 뜨지 않게 누른 후 물과 소금을 1 : 10의 비율로 녹여서 부은 다음 삭힌다. 깻잎을 삭혀야 아린 맛이 없어진다.
2. 5~7일이 지난 후 깻잎이 누렇게 변하면 물에 여러 번 헹구어 짠맛을 뺀다.
3. 짠맛이 어느 정도 빠진 깻잎은 끓는 물에 한 번 삶아서 헹군 다음 물기를 짠다.
4. 당근과 청·홍고추는 곱게 채썬다.
5. 전부 섞어 양념장을 만들어 깻잎에 켜켜이 발라서 통에 보관한다.

깻잎은 특유의 향을 지니고 있는데 바로 전유 성분 때문입니다. 이 성분이 방부제 역할을 하여 생선회와 같이 먹으면 식중독을 예방하는 효과가 있습니다. 또 깻잎에 들어 있는 비타민 C는 스트레스 감소에 좋다고 합니다. 풍부한 엽록소는 상처를 치료하고 세포를 부활시키며 알레르기를 없애고 혈액을 맑게 하는 작용을 합니다.

마씨장아찌

재료

마씨 1kg

〈절임장〉
양조간장 3컵
채수 3컵
설탕 1컵
식초 1/2컵

만드는 법

1. 마씨는 깨끗이 씻어 꾸들하게 말린다.
2. 유리병에 마씨를 꼭꼭 담는다.
3. 절임장이 끓으면 식힌 후 붓는다.
4. 사나흘 뒤 절임장을 따라내 식혀 붓기를 2~3회 반복한다.

홍승 스님의 TIP

간장에 담근 뒤 고추장에 꿀을 섞어서 버무린 후 2, 3개월 후에 먹으면 색다른 맛을 느낄 수 있다.

마씨(영여자)는 효능이 무척 많아 일일이 소개하기도 힘들 정도입니다. 소화불량이나 위염, 위궤양, 속쓰림 등 위에 좋은 뮤신이 많고 항산화물질도 다량 함유하고 있습니다. 풍부한 식이섬유는 장 활동을 돕고 각종 염증과 통증을 줄여 줍니다. 과일과 우유를 넣고 갈아서 주스로 마셔도 되고, 밥을 할 때 넣어 먹으면 마밥이 됩니다.

양하장아찌

재료

양하 1kg

〈절임장〉
양조간장 3컵
채수 3컵
설탕 1컵
식초 1/2컵

만드는 법

1. 양하는 잎을 제거하고 소금물에 담가 깨끗이 씻고 물기를 뺀다.
2. 통째로 혹은 먹기 좋게 잘라서 통에 넣는다.
3. 절임장이 끓으면 한 김 식힌 후 붓는다.
4. 일주일 뒤 절임장을 따라내 식혀 붓기를 2~3회 반복한다.

표준어로 '양하', 제주도 말로는 '양애깐지'라고 불리는 이 식물은 제주도나 남해안 등 따뜻한 남부 지역에서 많이 자랍니다. 고추장에 담가 숙성시켜 먹어도 됩니다. 경상도 지방에서는 소금물 대신 간장에 절이기도 합니다. 양하는 《죽기 전에 꼭 먹어야 할 세계 음식 재료 1001》이라는 책에도 소개되었다고 합니다. 혈액순환을 원활하게 하고, 식욕을 촉진하는 작용이 강합니다.

곰취장아찌

재료

곰취 1kg

〈절임장〉
양조간장 : 물 : 설탕 : 식초 =
1 : 1 : 1 : 1
(간장 2컵의 비율에 맞춤)

만드는 법

1. 곰취는 줄기를 조금만 잘라 내고 깨끗이 씻어 물기를 제거한다.
2. 물기를 제거한 곰취를 통에 차곡차곡 담는다(간장을 부으면 줄어드니 많이 담아도 된다).
3. 절임장 재료를 섞어서 끓인 다음, 한 김 나가고 뜨거울 때 붓는다.

곰취는 '깊은 산속에 곰이 아무도 몰래 숨어서 먹는 식물'이라고 해서 붙여진 이름입니다. 이 곰취는 4월 말에서 5월에 걸쳐 수확하는 나물로서, 항암 효과가 있으며 천식 개선, 노화 방지, 고혈압 예방, 관절염과 변비 개선, 간 기능 개선, 감기 예방에 좋습니다. 그 외에도 요통이나 관절통 완화에도 효과가 있다고 알려져 있습니다.

무장아찌

재료

가을 무 단단한 것으로 3개
청양고추 3개
고추씨 1컵

〈절임장〉
양조간장 2컵
황설탕 1컵

만드는 법

1. 무는 길이로 1.5~2㎝ 두께로 잘라서 소금을 뿌려 반나절 절인다.
2. 절인 무는 물에 한 번 씻은 후 꾸들꾸들하게 말린다. 겉 표면에 물기가 없어야 한다.
3. 말린 무에 설탕을 뿌려 하룻밤을 재운다.
4. 다음날 무에서 나온 설탕물과 간장, 고추씨를 넣어 간장을 끓인다.
5. 청양고추는 듬성듬성 잘라서 넣고 무거운 것으로 누른 뒤 간장을 붓는다.
6. 1개월 정도 숙성시키면 맛이 좋아진다.

무장아찌는 여름철 입맛이 없을 때 쉽게 먹을 수 있는 별미지요. 무엇보다 아삭아삭한 식감이 좋습니다. 무는 폐열을 식히는 작용을 해 가래와 기침을 가라앉혀 줍니다. 무즙의 매운 맛은 살균·항균·항암 작용을 합니다. 생선 요리에 무즙을 곁들이는 이유가 그래서입니다. 무의 비타민 함유량은 사과의 4배 이상이라고 할 정도로 높습니다.

산초장아찌

재료

산초 1kg

〈절임장〉
양조간장 2컵
집간장·물·설탕 각 1컵
표고버섯 3~4개
다시마 2장(10cm×10cm)

만드는 법

1. 산초는 가위로 먹기 좋은 크기의 송이로 자른다.
2. 자른 산초를 그릇에 담는다.
3. 팔팔 끓여서 한 김 내보낸 물을 산초에 부어 우린다.
4. 2~3시간 지난 후에 찬물로 다시 갈아 붓고 하루쯤 더 우려 소쿠리에 건진다. 이렇게 해야 산초 특유의 향이 약해진다.
5. 망 주머니에 산초를 넣어 항아리에 담는다.
6. 분량의 절임장을 끓여 식힌 다음 산초 항아리에 붓는다.
7. 일주일쯤 지난 뒤 항아리의 간장을 따라 내고 다시 한번 끓인다. 식으면 산초 항아리에 붓고 저장해 두고 먹는다.

산초는 중국 요리에 많이 들어가는 향신료 가운데 하나로, 강한 향이 특징입니다. 음이나 버짐, 음부 가려움증, 음낭 습진 등 피부 질환에 효과가 좋습니다. 황사나 미세먼지로 인해 기관지가 약해졌을 때 산초를 먹으면 호흡기 질환 개선에 도움을 주지요. 또한, 산초는 이뇨 작용을 촉진해 체내 노폐물을 배출시켜 몸의 부종을 제거하는 데 도움을 줍니다.

야채장아찌

재료

오이 2개
무 500g
샐러리 3대
소금 약간

〈절임장〉
양조간장 2컵
설탕·식초 각 1컵
마른 고추 3~4개

만드는 법

1. 오이는 5㎝ 길이로 잘라서 4등분을 한 뒤 씨 부분을 잘라 낸다.
2. 무도 5㎝ 길이로 막대썰기 한다.
3. 샐러리는 깨끗이 씻어 줄기만 5㎝ 길이로 막대 썰기 한다.
4. 오이와 무는 각각 소금에 30분 정도 절인다.
5. 절인 재료를 물에 한번 헹구어 체에 받친 다음 마른 헝겊으로 싸서 물기를 제거한다.
6. 분량의 절임장에 마른 고추를 잘라 넣고 젓지 말고 끓인 다음 차게 식힌다.
7. 다듬은 오이와 무 그리고 샐러리를 잘 섞어 통에 담은 다음 식은 절임장을 체에 밭쳐 붓는다.
8. 3일쯤 후에 다시 한 번 끓여 식힌 후 붓는다.

'서양의 미나리'라고 불리는 샐러리. 이 샐러리에는 식이섬유가 풍부해서 다이어트에 도움이 된다고 합니다. 이뇨 작용 촉진, 불면증 해소, 피부 진정에 효과가 있으니 미용에도 도움이 되는 고마운 야채라 할 것입니다. 이 밖에도 혈관계 질환을 예방하고, 일산화탄소를 배출하는 효과가 있습니다.

고추장아찌

재료

끝물 고추 1kg

〈절임장〉
양조간장·식초 각 3컵
설탕 2컵
건표고 5장
다시마 3장
사과 1개

만드는 법

1. 고추는 깨끗이 씻어 물기를 제거한 뒤 꼭지를 1cm만 남기고 자르고, 고추 끝을 가위로 살짝 자른다.
2. 1을 통에 담아 무거운 것으로 누른 뒤 절임장을 끓여 뜨거울 때 붓는다.
3. 2~3일 후에 간장만 따라 낸 후, 부족한 맛을 조절하여 다시 끓인 뒤 식혀서 다시 붓는다.

고추에는 비타민 A와 C가 풍부하게 들어 있습니다. 매운맛을 내는 성분인 캡사이신은 지방 대사를 촉진하기 때문에 다이어트에도 좋지요. 풋고추에 함유된 비타민 C는 바이러스에 대한 저항력을 높여 면역을 강화합니다. 그래서 하루에 풋고추를 2개 먹으면 좋다고 합니다. 여름철 끝물에 나오는 작은 풋고추로 장아찌를 담그면 그 맛이 훨씬 좋습니다.

돼지감자장아찌

재료

돼지감자 1kg
청양고추 5개
레몬 1/2개

〈절임장〉
양조간장 : 설탕 : 물 : 식초
= 2 : 2 : 2 : 1

만드는 법

1. 돼지감자는 껍질째 깨끗이 씻어서 0.5㎝ 두께로 썰어 통에 담는다.
2. 청양고추는 적당히 썰어 놓고 레몬은 편으로 썬다.
3. 절임장을 냄비에 넣고, 젓지 말고 설탕이 녹을 만큼만 끓여서 뜨거울 때 돼지감자를 넣은 통에 붓는다.
4. 썰어 놓은 고추와 레몬을 같이 넣어서 냉장 보관한다.

돼지감자는 '뚱딴지'라는 재미난 이름으로도 불리는 재료입니다. 당뇨에 좋다고 알려지면서 최근 인기가 높아졌지요. 돼지감자에 든 이눌린 성분은 혈당 수치를 높이지 않고 췌장을 쉬게 해서 천연 인슐린이라 불릴 정도입니다. 변비 해소, 다이어트에도 좋습니다.

요리에 도움을 준 분들

전효원 경기대학교 관광학박사, 서울문화예술대학교 조리영양학과 및 푸드코디네이션 외래교수.
(사)홍승스님의 사찰음식연구회 상임이사, 사찰음식 명인(KFCC, KFCA), 이지(利智)자연음식문화원장. 요리대회 장관상 다수 수상.
장분임 황토골마을 된장 대표, 이지사찰음식문화원 부원장. 약선식이 상담사, 자연건강 상담사.
오예섬 사찰요리, 발효음식, 로푸드, 아동요리 등 출강. 서울국제푸드앤테이블웨어박람회 단체부문 교육부장관상 등 수상.
양유경 경기대학교 식공간연출 석사. '빛담' 스타일리스트, 푸드 코디네이터.

생각보다 쉬운 사찰밥상

초판 1쇄 발행_ 2016년 10월 31일
초판 4쇄 발행_ 2025년 12월 22일

글쓴이 홍승
사진 이은숙(eeeun Studio)
요리 전효원, 장분임, 오예섬
스타일링 양유경
펴낸이 오세룡
편집 박성화, 손미숙, 윤예지, 김윤미
기획 곽은영 이수연
디자인 정해진(onmypaper)
         고혜정, 김효선, 최지혜
홍보·마케팅 정성진
펴낸 곳 담앤북스
서울특별시 종로구 새문안로3길 23, 경희궁의 아침 4단지 805호
대표전화 02) 765-1251 전송 02) 764-1251
전자우편 dhamenbooks@naver.com
출판등록 제300-2011-115호

ISBN 979-11-87362-33-3 (13590)

이 책은 저작권 법에 따라 보호받는 저작물이므로 무단 전재와 복제를 금합니다.
이 책 내용의 전부 또는 일부를 이용하려면 반드시 저작권자와 담앤북스의 서면 동의를 받아야 합니다.

이 도서의 국립중앙도서관 출판예정도서목록(CIP)은 서지정보유통지원시스템 홈페이지(http://seoji.nl.go.kr)와
국가자료공동목록시스템(http://www.nl.go.kr/kolisnet)에서 이용하실 수 있습니다.
(CIP제어번호: CIP2016024551)

정가 15,000원